從古人詞語學文化常識 4

馬桶原本是給馬用的嗎？

姜湧等——著

目次

001

為什麼用「花架子」來形容中看不中用的東西？

用「花架子」形容中看不中用的東西，來源於一個有趣的傳說：

據說在元朝時，松江紡織家黃道婆的紡織技術非常高超，而且帶動了一大批人從事紡織工作。當地紛紛開辦了紡織作坊，男女老少都會織布，大家的生活也都好起來了。

鎮上有個姓李的窮秀才，不願意從事他認為低賤的體力勞動。生活不下去了，就到浙江湖州鄉下當私塾先生，以此維持生活。

這個秀才教書的地方也是紡織之鄉，大家聽說私塾裡新來的李秀才是黃道婆家鄉的人，就紛紛找他請教紡織新技術。李秀才對紡織技術一竅不通，又不願意承認自己不懂，就撒謊說自己是讀書人，沒動手親自紡織過，但他可以把黃道婆的織機圖畫給鄉親們，讓他們改進工具，提高技術。

鄉親們都很高興，拿著秀才畫的圖，高高興興地請來木工，照著圖做了一架織布機。織布機看起來很漂亮、很新穎，但是卻不好用，根本沒辦法工作。大家去問秀才，他卻狡辯說，你們的手藝不行，對最新的機器理解不透徹，所以才織不出布來。

後來，黃道婆發明的織布機傳到這裡，人們才知道李秀才畫的織布機只是樣子好看而已，根本不具實用性，所以人們把它叫做「花架子」。

從此以後，人們常用「花架子」一詞來比喻徒有其表、華而不實的行為，或中看不中用的工具。

延伸知識｜為什麼把中看不中用叫「銀樣鑞槍頭」？

「銀樣鑞槍頭」這個俗語並不是指工具，也不是指武器，而是形容人或工具徒有其表、內裡空虛，沒有內在的實際本領或用途。

這個俗語出自《西廂記》第四本第二折紅娘罵張生的一段：「你原來是苗而不秀，呸！你是個銀樣鑞槍頭。」這是紅娘對張生懦弱的不滿，因此說他外表看起來像個男子漢，追求鶯鶯小姐時比較大膽，其實內心很軟弱，遇到挫折就退縮，不敢和老夫人去正面抗爭。

《紅樓夢》第二十三回黛玉罵寶玉的話：「呸！你原來是苗而不秀，是一個銀樣鑞槍頭」，也用了《西廂記》裡的這段原文。

「銀樣鑞槍頭」指表面銀光閃閃的鋼槍，實際上卻是焊錫做的槍頭。「銀樣」指外表光亮，或者說很有震撼力，銀光閃閃的，像是很鋒利。這裡的「銀」並不是說用白銀做的槍頭，因為白銀的質地也是比較軟的，只是說槍頭發著銀色的光芒。「鑞」是指實際上是用焊錫做的，雖然同樣很光亮，但卻不結實，一紮出去就斷了，只是樣子好看而已。後來人們就習慣把中看不中用稱作「銀樣鑞槍頭」。

002

為什麼形容女子有才學稱「詠絮之才」？

形容男子有才學常用「才高八斗」、「學富五車」，而誇獎女子有才學則用「詠絮之才」，這有什麼來歷嗎？這個詞的出處與東晉才女謝道韞有關。

謝道韞是東晉時期著名的女詩人，是當朝名將謝安的侄女，安西將軍謝奕的愛女，大書法家王羲之的二兒媳（王羲之之子王凝之之妻）。有這麼多的頭銜，就知道謝道韞有多麼深的社會背景和家學淵源了。

謝道韞自幼聰明伶俐，知書達理，聰慧能辯，謝安非常喜歡這個侄女，稱讚她有「雅人深致」。

有一天，謝安召集兒女子侄們談論學術，突然天空飄起了鵝毛般的大雪。謝安詩興大發，看到這樣的美景，準備考一考後輩晚生的才學。謝安問他們：「白雪紛紛何所似？」謝安的侄子謝朗答道：「撒鹽空中差可擬。」其他幾個子侄也都各自說了看法，把白雪比喻成各種物體，但都沒有使謝安完全滿意的。

這時謝道韞說：「未若柳絮因風起。」謝安一聽非常高興，認為把白雪比喻成柳絮很是恰當，不由得點頭稱許。這一詠雪名句後來為世人所傳誦，於是就將女子有才學稱作「詠絮之才」。

在當時能夠與謝道韞相提並論的只有同郡的張彤雲。張彤雲是張玄的妹妹，論家世自然不及謝家，論才情卻不相上下。張彤雲後來嫁到顧家，有一個叫濟尼的人，常常出入王、顧兩家，有人問濟尼，兩個才女誰更出色一些，濟尼說道：「王夫人神清散朗，故有林下風氣；顧家婦清心玉映，自是閨房之秀。」說明兩個人各有長處，但謝道韞更具魏晉風流。

延伸知識｜為什麼用「出水芙蓉」形容女子美貌？

「出水芙蓉」指剛開放的荷花，卻常用來比喻詩文清新不俗，也形容天然豔麗的女子，這是什麼原因呢？

「出水芙蓉」一詞出自南朝梁鍾嶸《詩品》卷中：「謝詩如芙蓉出水，顏如錯彩鏤金。」鍾嶸在這裡把謝靈運詩比作剛出水的荷花，清新自然，不假雕飾，具有一種自然美；而將顏延之的詩歌說成是經過雕琢的人工美，略遜謝詩一籌。

「芙蓉」最早即為蓮（荷花）的別名。《離騷》：「制芰荷以為衣兮，集芙蓉以為裳。」王逸注：「芙蓉，蓮華也。」芙蓉一般分木芙蓉與水芙蓉兩類，另有拒霜花、三變花、蓮花、芙蕖、水芝、菡萏、六月春、水芸、紅蕖、水華、荷華、溪客、碧環、玉環、鞭蓉、鞭蕖、水旦等等別稱，自古以來為文人墨客所喜愛，多在詩文中有所歌頌。尤其是宋代周敦頤《愛蓮說》中將芙蓉形容為「出淤泥而不染，濯清蓮而不妖，中通外直，可遠觀而不可褻玩焉」，將其高潔品性烘托出來，為千百年來讀者所激賞。從此，芙蓉也被賦予了高潔的品格。作者透過對蓮的形象和品質的描寫，歌頌了蓮花的堅貞，從而也表現了作者潔身自愛的高潔人格和灑落的胸襟。

正因為芙蓉被歷朝歷代的文人賦予了這麼多美好的意象，把它當作清新自然、不假雕琢的象徵，是美好心願的具象，所以被用來形容年輕女子，一方面取其美麗，另一方面取其高潔的品性，象徵年輕女子的純潔。所以「出水芙蓉」也就由形容文章的精美，轉變成形容女子的純潔與美貌了。

003

「花名冊」明明是清點姓名的，為什麼叫「花」名冊？與花有關係嗎？

為什麼常把名冊或名單叫「花名冊」呢？它與花有關係嗎？是記載花的名稱的冊子嗎？

其實「花名冊」與花並無關係，它是與中國古代的戶籍制度密切相關的。戶籍是登記、管理人戶的冊籍，亦稱籍帳。其起源很早，從春秋時期就有相應的戶籍制度了。經過歷朝歷代的不斷補充完善，成為古代社會統治的一個重要方面。

「花名冊」名字的由來是由於舊時登錄戶口冊子，把人名叫做「花名」，戶叫做「花戶」。花，言其錯雜繁多。《元典章．聖政二．均賦役》記載：「差科戶役先富強，後貧弱，貧富等者先多丁，後少丁，開具花戶姓名。」《清史稿．食貨志一》也有記載：「冊內止開裡戶丁實數，免列花戶，則簿籍不煩而丁數大備矣。」這裡都指出「花戶」在戶籍中的歷史地位。「花名冊」即由此而來。

另外古代也把娼妓在妓院中使用的化名稱作「花名」，如元宋無《直沽》詩「細問花名何處出，揚州十里小紅樓」，用的就是這個意思。所以在這裡「花名冊」就是妓女的名冊，也有戶籍的作用。

「花名」一詞是從古而來的，現在用「名單」、「名冊」等名詞取而代之，但偶爾也會用「花名冊」一詞。

延伸知識——「黑名單」一詞是怎麼來的？

提起「黑名單」，大家都首先會想到背後告密等事情，認為是將一些人暗中陷害的名錄。那麼這個詞是怎麼來的呢？為什麼是「黑名單」呢？

「黑名單」一詞來源於世界著名的英國牛津和劍橋等大學。在中世紀時，這些學校規定對於犯有不端行為的學生，將其姓名、行為列案記錄在黑皮書上，誰的名字上了黑皮書，即使不是一輩子被人唾棄，從此在社會上抬不起頭來，也會使人在相當時間內名譽掃地，很多事情都會受到限制。學生們對學校的這一規定十分害怕，常常小心謹慎，惟恐自己的名字上了這樣的黑皮書。但沒想到本來是學校懲罰學生的做法，卻被當時一位英國商人引申到商業活動中，用黑皮書來懲戒那些時常賒欠不還、不守合約、不講信用的顧客。英國商人把這類顧客的名字開列在黑皮書上，後來又將一些破產者和即將破產的人的名字也排在黑皮書上。

事情傳開後，在社會上引起了轟動，先是商人們爭相仿效，繼而，各行各業都興起了黑皮書，不少工廠老闆把參加工會的人的名字列在「不予僱傭」欄下。於是，黑名單便在工廠主和商店老闆之間祕密地傳來傳去。

一九五〇年九月，美國國會通過《麥卡倫法案》，同年十二月，總統杜魯門發布命令，宣布美國處於「全國緊急狀態」，正式實行《麥卡倫法案》，他們編制了形形色色的黑名單，按名逮捕和迫害大批進步人士。

此後，「黑名單」的做法在各行各業中使用。當然，在特務活動中是使用最頻繁的。

004 戲曲中的術語「叫板」是如何發展成現代漢語中「挑戰」的意思呢？

現在說起「叫板」，具有滋事挑釁的意味。其實這個詞原來是戲曲中的術語，戲曲中把道白的最後一句節奏化，用動作規定下面唱段的節奏稱「叫板」。

一般戲曲都把「唱、念、做、打」作為表演的基本構成。「唱」指唱功，是一部戲成功的關鍵。「念」就是白話、對話，也是考驗演員表演技能的主要方面。「做」泛指表演技巧，一般又特指舞蹈化的形體動作，是戲曲有別於其他表演藝術的主要標誌之一。

「打」是戲曲形體動作的另一重要組成部分，它是傳統武術的舞蹈化，是生活中格鬥場面的高度藝術提煉。

戲曲表演程式來源於生活，它把生活裡的動作，按照一定的規範進行提煉、概括、美化和一定程度的裝飾、誇張，形成有一定規律可以遵循的藝術表現形式。這種表演程式可以作為旁人效法和進行形象再創造的出發點。一個或一組單獨的程式，雖然具有一般的生活內容（例如開門、關門、上樓、下樓、划船、騎馬、泅泳、滑跌等動作程式，哭笑驚懼等表情程式），但還不能構成獨立的舞台形象。只有演員根據人物性格和規定情景的要求，把若干程式按照一定的生活邏輯和舞台邏輯組合起來，才能表達出某種具體的思想感情，塑造出獨立完整的舞台形象。所以在表演時，為了更具有藝術美，需要「叫板」來使表演更具有節奏與韻律。而「叫板」也由引起下一段唱段逐漸演變成引起精彩下文的意思，具有了「挑戰」的意味。

另外古代民間有個遊戲叫骨牌，四個人打的，當一個人沒錢時，還可以多打一次，這時那個沒錢的人就會拍一下桌子，並且這次是由他說話，一般也稱作「叫板」。

延伸知識——「有板有眼」最初是指什麼？

一般把做事穩妥、不毛糙，或者是按部就班地進行稱作「有板有眼」。這是為什麼呢？是與做木匠活有關係嗎？其中「板」和「眼」都是指什麼呢？其實這句成語原意是指戲曲的，明王驥德《曲律》中說：「凡蓋曲，句有長短，字有多寡，調有緊慢，一視以板眼為節制，故謂之板眼。」

「板」就是板式。戲曲唱腔音樂中的板式結構，可分為板式變化體和曲牌連套體兩大類。在板式變化體的結構中，大都有慢板、快板、二八板、流水板、散板等板類。在各類板式中，強拍為「板」，弱拍為「眼」，板式的強弱關係就是「板眼」。其中，節拍為2／4的叫「一板一眼」，節拍為4／4的叫「一板三眼」，節拍為3／4的叫「一板兩眼」。如果演唱者節奏感差，強弱不分明，不是搶板就是滑板，便是掉板了。

所以將「有板有眼」一詞指唱腔合乎節拍，後來引申為言語行事有節奏、有條理。

005

為什麼說「病入膏肓」就是指病得很厲害呢？

現在說誰病勢嚴重，常用「病入膏肓」來形容。什麼是「膏肓」呢？為什麼病到了「膏肓」就無藥可醫呢？

「膏」在古代是指心尖脂肪，「肓」是指心臟與隔膜之間，「膏肓」之間是藥力不到之處。意指如果病到了這裡，藥力已經無法達到，病已危重到了無法救治的地步。也用來比喻事情到了無可挽回的地步。

這個詞出自《左傳．成公十年》，說的是春秋時期，晉景公有一次得了重病，聽說秦國有一個醫術很高明的醫生，便專程派人去請。結果醫生還沒來到的時候，晉景公因病勢嚴重，陷入半昏迷狀態。

在迷迷糊糊中，晉景公做了個夢。夢見兩個小孩在他旁邊小聲嘀咕著。

一個說：「據說主人去請一個醫術高明的大夫，我看我們這回在劫難逃了，往哪裡跑呢？」

另一個小孩說道：「怕什麼，我們躲到肓的上面、膏的下面，無論他用什麼樣的藥，都不能把我們怎麼樣。」

等到秦國的名醫請來了，對晉景公進行了全面的診斷後，說：「這病已沒辦法治了。疾病在肓之上、膏之下，用灸法攻治不行，扎針又達不到，吃湯藥，其效力也到不了。我也實在沒什麼辦法來除去您的病痛了。」

晉景公一聽醫生的話，和自己夢中聽到的兩個小孩的話如出一轍，就歎了口氣說：「你的醫術真高明啊！」然後叫人犒賞了醫生，讓他回秦國去了。不久晉景公就去世了。

後來就用「病入膏肓」來指病情已經無藥可醫，也引申為事情沒有挽回的餘地了。

延伸知識　民間「走百病」的來歷

「走百病」是明清以來中國北方的風俗，有的在正月十五日，但多在正月十六日進行。這天婦女們穿著節日盛裝，成群結隊走出家門，走橋渡危、登城、摸釘求子等，活動豐富多彩，直到夜半才回家。

歷史上對這種風俗多有記載。明劉侗、于奕正《帝京景物略》上載：「元夕，婦女相率宵行，以消疾病，曰『走百病』，又曰『走橋』。」清顧祿《清嘉錄．正月．走三橋》：「元夕，婦女相率宵行，以卻疾病。必歷三橋而止，謂之走三橋。」都記載了民眾在元宵節時出來「走百病」的習俗。

各地百姓「走百病」的方式也不完全一樣，有的地方農村男女老少這天都要到野外走一走，謂之「走老貌」，據說每年走一次可以青春常在，永不衰老。有的地方一大早就到村外散步，甚至騎上牛、馬、驢、騾在大路上奔跑，謂之「跑百令」，諺曰：「跑一跑，不見老。」類同「走老貌」。有的地方人們登高遠眺，有的去陵墓前灸翁仲，也有的人在家灸衣帶，謂之「灸百病」。民國初年所修的《濰縣誌稿》中有一首《濰縣竹枝詞》說：「新正節始過元宵，結隊城頭跑老貓。為乞一年百無病，艾香爭把石人燒。」

總之，各地不同的習俗都傳達出人們祈求平安健康的美好願望，人們希望借新的一年來到之際，為一年求一個好的彩頭，祝福全家人幸福安康。

006

結婚為什麼要「拜天地」？

在結婚典禮上，「拜天地」是必不可少的一個儀式，沒有拜過天和地，結婚儀式就像沒有完成一樣。為什麼會這樣看重拜天地呢？

「拜天地」是一種歷史文化現象。在中國的歷史文化長河中，「拜天地」是中國人禮儀的重要組成部分，為普通百姓所接受並深度認同。

「拜天地」也叫「拜堂」，包括一拜天地、二拜月老和高堂、三夫妻對拜。這些儀式是從古代人祭天、祭地的儀式發展演變而來的，與中國古代先民的哲學思想密切相關。

古代思想家把世界上的事物概括為天、地、人三類。天和地是古代人從生活經驗中已經認識到的自然生存環境，對於人類的繁衍和社會發展至關重要。人生存在天地之間，依靠天地化生的萬物而生存。自然環境好，風調雨順，土地肥沃，物產豐富，空氣清新，河水純淨，沒有任何汙染。人們生存在這樣的天地環境中，自然就能得到大自然的很多恩賜，提高生活品質，做事創業容易成功，生兒育女自然健康。所以結婚時新人首先拜天和地，感謝撫育了我們的大自然。

而月老、父母和夫妻包含在「人」的因素中。無媒不成婚，月老是媒人，是婚姻建立的紐帶；結婚是男子長大成年的標誌，而父母有養育之恩，傳統文化中對尊長和孝親極其重視，甚至通過法律條文規定下來；夫妻是建立新的家庭的基本要素，提倡夫妻互敬互愛。因此拜月老、父母和夫妻對拜也就自然是結婚禮儀中的重要部分了。

所以「拜天地」中的三拜，包含了新人對天、地、人的感謝，是一種樸素而虔誠的思想。

延伸知識——「青梅竹馬」怎麼會與愛情有關？

青梅，青色的梅子。竹馬，把竹竿當馬騎。這本來是指幼時的遊戲，怎麼會與愛情相關呢？為什麼現在指男女幼年時的親密無間？

「青梅竹馬」的愛情一直被人所嚮往，大家往往把「青梅竹馬」當作一種理想式的愛情，認為是純真年代的理想戀愛方式。這個詞出自唐李白《長干行》一詩：「郎騎竹馬來，遶床弄青梅。同居長干里，兩小無嫌猜。」詩歌描寫一位女子，從小和一個男孩子一起玩耍，友誼深厚。長大後嫁與這個小時的夥伴為妻。結婚剛剛一年多，小倆口感情正濃，但丈夫要遠到四川一帶去做生意。女子在家獨守空房，日夜思念丈夫，不由得回想起當年的情深意濃。詩歌表達了女子思夫心切，願從住地長途跋涉數百里遠路，到長風沙迎接丈夫。因為夫妻兩個人是從小的玩伴，長大後結為夫妻，因此沒有功利目的，是純真友情轉變成愛情的，所以世人對這樣的婚姻愛情比較推崇。

後來用「青梅竹馬」來表明天真、純潔的感情長遠深厚，也可以把「青梅竹馬、兩小無猜」放在一起使用，意思不變。

007

王母娘娘和玉皇大帝是夫妻嗎？

在民間大家以為王母娘娘是玉皇大帝的老婆，其實這兩位神仙根本不是一家人。這是怎麼回事呢？是什麼時候亂點鴛鴦譜，把他們兩個撮合在一起的？

王母的概念在遠古就有了，在《山海經》中就有記載：「西王母其狀如人，豹尾虎齒而善嘯」，純粹就是一個怪物。在《竹書紀年》和《穆天子傳》中，西王母是人間的國王，不是神仙。《竹書紀年》卷下曰：「十七年，王西征崑崙丘，見西王母。其年西王母來朝，賓於昭宮。」《穆天子傳》卷三曰：「吉日甲子，天子賓於西王母，乃執白圭玄璧，以見西王母。西王母再拜受之。」兩漢之際西王母有所變化，西漢司馬相如《大人賦》曰：「吾乃今日睹西王母，皓然白首，載勝而穴處兮。」把西王母看成為白髮老嫗，且住在洞穴中。

東漢後期，道教產生後，天帝和西王母都成為道教所崇拜的神仙。但直到現代，在所有的道教的典籍中，都沒有這兩位天神是夫妻關係的記載。

天帝是被道士正式奉為玉皇大帝的，全稱為「昊天金闕無上至尊自然妙有彌羅至真玉皇上帝」，簡單一點的叫「昊天金闕至尊玉皇大帝」，簡稱「玉皇大帝」。西王母則被崇奉為「西元九靈上真仙母」，後來又加上了更複雜的「白玉龜台九靈太真金母元君」封號。西王母在道教經典中有一個對偶神叫「東木公」，西王母和東木公的關係比較密切，但只是互為鏡像，不是配偶關係，而西王母和玉皇大帝則沒有任何關係。

在宋代的《太平廣記》中，還看不到西王母與玉皇大帝有關係，所以把西王母強行嫁給玉皇大帝的應該是南宋以後的劇作家和小說家。宋元明時期，許多文學家皆以西王母蟠桃會為題材，寫入小說、戲曲中，據莊一拂《古典戲曲存目彙考》卷二稱：「宋官本雜劇，即有《宴瑤池爨》。金元院本有《王母祝壽》一本，《蟠桃會》一本，《瑤池會》一本。元鍾嗣成、明朱有燉俱有《蟠桃會》雜劇，情節皆類似。」小說中涉筆西王母事的也很多，吳承恩的《西遊記》所寫孫悟空大鬧蟠桃會的故事，就是對上述劇本的進一步演繹，而且把西王母的戶口從西方崑崙山遷到了天上，並給玉皇大帝做了皇后。從此兩位本來互不相干的人或神就成了夫妻，並被千百年來百姓所認同。

延伸知識｜玉皇大帝是掌管仙界和人間一切的主宰嗎？

神話傳說中玉皇大帝居於太微玉清宮，全稱「昊天金闕無上至尊自然妙有彌羅至真玉皇上帝」，是掌管人世間一切事物的神仙。古代人們對自然缺乏科學的認識，認為天上有支配日、月、風、雨等自然變化和人間禍福、生死、壽夭、吉凶等人生命運的最高神——「帝」，西周以後又稱「皇天」、「昊天」、「天帝」等。南朝時陶弘景《真靈位業圖》中已有「玉皇道君」、「高上玉帝」的稱呼，排列在玉清三元宮右第十一和第十九的位置。

隋唐時，「玉皇」信仰普遍盛行，唐代著名詩人白居易的《夢仙》詩中就有「仰謁玉皇帝，稽首前至誠」的詩句。在唐宋時成書的《高上玉皇本行集經》則把玉皇的出身和來歷弄清楚了：很久以前，有個光嚴妙樂國，國王淨德和王后寶月光老年無子，於是令道士舉行祈禱，之後夢見太上道君抱了一個嬰兒賜予王后，王后因為這個夢而懷孕了。懷胎一年，孩子降生，是個男孩。長大後繼承王位，但不久就去普明香嚴山中修道，功成超度。經過三千劫始證金仙。又超過億劫，始證玉帝。

道教認為玉皇大帝是眾神之王，在道教神階中地位最高，神權最大。道經中稱他居住昊天金闕彌羅天宮，統御諸天，綜領萬聖，主宰宇宙，為天界至尊之神，萬天帝王。簡而言之，道教認為：玉皇總管三界（天上、地下、空間），十方（四方、四維、上下），四生（胎生、卵生、濕生、化生），六道（天、人、魔、地獄、畜生、餓鬼）的一切陰陽禍福。

道教將正月初九定為玉皇聖誕，俗稱「玉皇會」，傳言天上地下的各路神仙在這一天都要隆重慶賀，玉皇在其誕辰日的下午回鑾返回天宮。

不過隨著科學的發展，玉皇大帝的有無已經逐漸被廣大民眾所認識，因此他也只存在於宗教和神話傳說中了。

008

酒店門口放置的「水牌」有什麼作用？

在酒店門口常會放置「水牌」，是做什麼的呢？除了酒店外，還有哪些地方可以放置水牌呢？

原來，水牌是舊時店主人臨時登記賬目或記事用的，一般是漆成白色或黑色的木板或薄鐵板。若是白色的也可稱為「粉牌」。水牌一般都掛在商店的牆壁上，上面記錄了一些商店或酒店的告示，用來提醒或告知顧客一些內容，如商品目錄、價格等，是告示牌的一種。

「水牌」的產生很早，儘管哪朝哪代都已不可考，卻被後人所接受並廣泛流傳下來。在元雜劇《破風詩》第三折中就有這樣的話：「你將這三門閉上，怕有賓客至，你記在水牌上，等我回來看。」《紅樓夢》第六十一回也寫道：「把天下所有的菜蔬用水牌寫了，天天轉著吃。」可見水牌早已經被大家所接受並廣泛使用了。

現在水牌的使用已經越來越廣泛，不僅僅局限於酒店，也不單單是店主人的記事簿了。現在很多商場、律師樓、醫院的入口處的指示性牌子，上面標注了商品區、單位、科室所在的樓層等資訊，都是水牌的功用。另外辦公樓中的形象標識牌（水牌）主要用於展示企業形象、標示企業位置等，已經是企業文化的重要組成部分了。

延伸知識｜門神的來歷

以前過春節的時候，很多人家的大門上都貼著門神的畫像。門神是怎麼產生的呢？

門神的歷史很長了，據《山海經》記載：在蒼茫的大海中有一座度朔之山，山上有一棵大桃樹，桃枝的東北有一個鬼門，門上有兩個神人把守著，一個叫神荼，一個叫鬱壘，他們的職責是監視那些害人的鬼，一旦發現，便用蘆葦做的繩索把鬼捆起來，扔到山下餵老虎。就連黃帝也對他們表示尊敬，在門上畫神荼、鬱壘和老虎的像，並掛上蘆葦繩，用來懲戒那些害人的鬼。後來《山海經》這種以神荼、鬱壘、虎、蘆葦繩等辟邪的信仰就流傳了下來。

人們信奉門神，認為貼上他們的畫像能夠辟邪，能夠給生活帶來安寧。但門神的形象也是逐漸發展的，除了神荼、鬱壘外，唐代出現了鍾馗，元代以後出現了秦瓊、尉遲恭，道教崇奉青龍白虎，一些地區信奉趙雲、趙公明、孫臏、龐涓等。還有的地方將門神分為三類，即文門神、武門神、祈福門神。文門神即畫一些身著朝服的文官，如天官、仙童、劉海蟾、送子娘娘等，武門神即武官形象，如秦瓊、尉遲恭等，祈福門神即為福、祿、壽三星。

這些門神雖然不是一個朝代的，背後的傳說也各不相同，但人們信仰的精神是一致的。其中影響最深的幾個門神是神荼、鬱壘、鍾馗、秦瓊和尉遲恭。鍾馗被認為是捉鬼的能手，而秦瓊和尉遲恭則是和唐太宗的故事緊密相連，在民間關於他們都有很多傳說，有的甚至被當作歷史故事在流傳。

隨著時代的發展進步，門神的功能已不僅是辟邪免災，有些人還借貼門神表達對功名利祿的祈望。從明代以後，有些武門神像上經常寫著「爵、鹿、蝠、喜、寶、馬、瓶、鞍」等字樣，表達了人們的美好願望。當代社會貼門神的越來越少了，對美好生活的嚮往與祈求已經透過其他形式來表現，但門神在中國傳統民俗中卻占據了非常重要的位置。

009

「男左女右」這種習慣是怎麼形成的呢？

在我們的日常生活中，「男左女右」已經形成了一種傳統習慣，我們社會生活的各個方面都在遵守著這種習慣。上公共廁所、戴婚戒、照結婚照、吃飯坐位置等等，男的往往在左邊，女的往往在右邊。如果不遵守「男左女右」的習慣，似乎就違背了點兒什麼似的。中醫診脈，男子取氣分脈於左手，女子取血分脈於右手，即使小兒患病觀察手紋也取「男左女右」的習慣。這種按左右來診斷的做法，是否真能表示男女生理上的差異，目前還不得而知。

那麼這種傳統是怎麼形成的呢？它有什麼科學依據嗎？

「男左女右」的習俗，早在二千多年前戰國時期就已經有了。一種說法，認為「男左女右」與古代神話傳說中的伏羲和女媧有關。據說盤古開天闢地，他的左眼化為日神，即伏羲；右眼化為月神，即女媧。伏羲在左，女媧在右。女媧用黃土造出了人類，是人類的始祖和古代母性的象徵。由於人們尊崇女媧，於是也崇尚右，所以右邊代表較高的地位。因此形成了「男左女右」的習慣。

另一種說法，這一習俗來源於古代哲學中的陰陽觀念。陰陽之說最初是指物體對日光的方向，朝陽為陽，背陽為陰。後來，古代哲學家就用這個觀念來解釋所有事物中兩個互相對立又相互聯繫的方面。他們把現實事物中的不同方面如大小、長短、上下、左右等進行歸類，稱大的、長的，或處於上方的、左邊的為陽，稱與之相對的小的、短的或處於下方的、右邊的為陰。而男女兩性男為陽、女為陰，於是，「男左女右」的習俗就形成了。

不管是何種原因形成的「男左女右」習慣，到底遵守還是不遵守，其實都不影響我們的生活。只不過有時一種習慣形成後，會給社會生活帶來一定的方便，比如說公共廁所。當然，如果把這種習慣過於神祕化，就沒有必要了。

一延伸知識一夫妻之間為什麼稱「丈夫」、「妻子」？

人們通常談到夫婦時，夫多被稱為「丈夫」，婦則被叫做「妻子」。對於這樣的稱呼大家早已經習慣了，在日常生活中都在使用，但是你知道這樣稱呼的原因何在嗎？

在中國古代有些部落，有搶婚的習俗。女子選擇夫婿要挑強壯的，標準之一就是看這個男子是否夠高，一般以身高一丈為標準，當時的一丈約等於七尺（那時的一尺約合現在的六寸多）。有了這樣強壯的男人，才可以保護女子，耕種、戰爭都不怕了。所以，女子都稱她所嫁的男人為「丈夫」。後來隨著社會的發展，身高已經不是決定性的因素，「丈夫」的標準也不局限於身高一丈了，丈夫就演化出許多別稱，常見的有以下幾種：夫婿、夫子、夫君、君子、郎、郎伯等等。

「妻子」在現代漢語中是一個詞，專指丈夫的配偶。在古代最初是兩個詞，指「妻」和「子」。「妻」最早見於《周易．繫辭》：「人於其官，不見其妻。」但妻在古代不是男子配偶的通稱。《禮記．曲禮下》載：「天子之妃曰後，諸侯曰夫人，大夫曰孺人，庶人曰妻。」由此可知，那時的「妻」只是平民百姓的配偶，是沒有身分的。後來，「妻」才漸漸成為所有男人配偶的通稱。

「妻」作為男人配偶這一層含義上，產生了很多相關的稱謂，古代無論官職大小通稱妻為「孺人」。卿大夫的嫡妻稱為「內子」，泛指妻妾為「內人」。妻還被稱為「內助」，意為幫助丈夫處理家庭內部事務的人，「賢內助」則成為好妻子的美稱。舊時對別人謙稱自己妻子為「拙內」、「賤內」。而在官職較高的階層中對妻子的稱呼卻反映出等級制度來。如諸侯之妻稱「小君」，漢代以後王公大臣之妻稱夫人，唐、宋、明、清各朝還對高官的母親或妻子加封，稱「誥命」。

現在則把丈夫、妻子稱為「老公」、「老婆」，已經不分等級了。

010

人們常用「鳳毛麟角」比喻稀缺的東西，真的有「鳳毛」和「麟角」嗎？

人們在日常生活中經常用「鳳毛麟角」來形容稀缺的東西，「鳳毛麟角」到底是什麼寶貝呢？

從字面意義上理解，「鳳毛」就是指鳳凰的羽毛，「麟角」就是指麒麟的角。這句成語的出處是南朝宋劉義慶的《世說新語．容止》：「大奴固自有鳳毛。」《南史．謝超宗傳》：「超宗殊有鳳毛。」《北史．文苑傳序》：「學者如牛毛，成者如麟角。」後來人們把這兩個詞結合起來，總稱「鳳毛麟角」，以表示稀有之意。

鳳凰與麒麟是三代傳說中鳥中之王與獸中之王，用來象徵祥瑞。「鳳毛」與「麟角」結合在一起說，更顯得稀少而珍貴。明汪廷訥《種玉記．尚王》：「駙馬是鳳毛麟角，公主是玉葉金枝。」郭沫若《痛失人師》：「有學問知識的人比較容易找，而有人格修養的人實在是如鳳毛麟角。」

總之，「鳳毛麟角」一方面是少，另一方面是好，二者結合在一起，才顯得彌足珍貴。

延伸知識①——「鳳凰」是雌的還是雄的？

鳳凰又稱朱鳥、丹鳥、火鳥、鶤雞等，被認為是吉祥、高貴的象徵。那麼你知道它是雌的還是雄的嗎？真的有這種動物存在嗎？

鳳凰和麒麟一樣，是雌雄統稱，雄為鳳，雌為凰，總稱為鳳凰。鳳凰的發展愈往後愈複雜，有了鴻頭、麟臀、蛇頸、魚尾、龍紋、龜軀、燕子的下巴、雞的嘴。自古以來鳳凰就是中華民族文化中的重要組成部分。

鳳凰的起源約在新石器時代，根據神話傳說，鳳是從東方殷族的鳥圖騰演化而成。今日所見關於鳳的最早紀錄，可能是在《尚書．益稷》篇中。書中敘述大禹治水後，舉行慶祝盛典。由夔龍主持音樂，群鳥群獸在儀式上載歌載舞。最後，一隻鳳凰飛來了——「簫韶九成，鳳凰來儀」。這種神鳥的出現，代表了吉祥如意。

鳳凰雖然是虛構出來的一種動物，但是古代人們一直相信有鳳凰的存在，並認為時逢太平盛世，便有鳳凰飛來。鳳凰也是中國皇權的象徵，常和龍一起使用，鳳從屬於龍，用於皇后嬪妃，龍鳳呈祥是最具中國特色的圖騰。

雖然鳳凰是雌雄並稱的，但一般情況下將鳳凰看作陰性。因此女孩子取名字時常用「鳳」、「凰」，個別男孩子名字中使用「鳳」字。

延伸知識②——北京故宮中九龍壁是用什麼雕成的？

九龍壁位於北京紫禁城甯壽宮，是一座背倚宮牆而建的單面琉璃影壁，為乾隆三十七年（一七七二）改建甯壽宮時燒造。壁上部為黃琉璃瓦廡殿式頂，簷下為仿木結構的椽、檁、鬥栱。壁面以雲水為網底，分飾藍、綠兩色，烘托出水天相連的磅礴氣勢。下部為漢白玉石須彌座，端莊凝重。壁上九龍以高浮雕手法製成。

民間流傳著一個巧補故宮九龍壁的故事：

據說從東邊數第三條白龍的身上的一塊琉璃瓦是用木頭雕成的，是後補上去的。在建九龍壁時，工部選中了一個叫馬德春的工匠。這馬德春技術高超，為人老成，認真負責。他挑選幾十位工匠一起燒製彩色琉璃瓦。經過他和工人們幾十天夜以繼日的辛勤勞作，終於將所需的琉璃瓦燒好了。

在安裝九龍壁時，馬德春囑咐大家一定要小心仔細。工匠們也都小心翼翼地工作著。突然一聲清脆的響聲傳來，嚇了馬德春一跳。他來到出事地點一看，一個小工匠呆呆地站在那兒，直勾勾地盯著摔碎的一片琉璃瓦。馬德春當時也嚇壞了，因為沒有時間再重新燒製琉璃瓦了。他鎮靜了一會兒，低聲對大家說：「這事兒誰都不能說出一個字，否則大家都會掉腦袋的。」回到家裡，馬德春茶飯不思，因為重新燒製那片琉璃瓦是來不及了，延誤工期是大罪，與其坐著等死，不如努力補救一下，也許可以絕處逢生呢。於是他把自己一個人關在屋子裡，悄悄地進行著祕密的工作……

九龍壁完工後，乾隆皇帝決定親自去驗收。乾隆皇帝在九龍壁前，仔細欣賞每條巨龍。跟在人群後面的馬德春心都快提到嗓子眼了，險些嚇丟了三魂七魄。乾隆來回看了三遍，龍顏大悅，重賞了馬德春和其他工匠。

等乾隆離開後，馬德春才長嘆了一口氣。他為什麼這麼緊張呢？是因為他移花接木巧補了九龍壁。馬德春用了一塊上好的楠木雕成了那塊被摔碎的琉璃瓦，匆匆忙忙地安裝上去，這可是欺君之罪呀，被皇帝知道了，要被滅門的！

今天要是有機會遊覽北京故宮，可以到九龍壁找一找，哪塊琉璃瓦是用楠木冒充的。

011 女子為什麼戴耳墜？

女子戴耳墜早已經司空見慣了，這種裝束是從什麼時候開始的呢？早在五十萬年前周口店的中國猿人時候，就已經發現有用石頭、獸牙或貝殼製成的耳飾。古代把耳飾叫做「珥」、「瑱」、「璫」。在出土漢代的文物中，有用石、玉、水晶、瑪瑙製成的耳飾。可見古人戴耳墜是有悠久的傳統了。

關於女子戴耳墜還有這樣的傳說：

相傳古代有一位姑娘因為眼病導致了雙目失明。後來，一位周遊各地的醫生說能醫治好姑娘的眼睛。這位醫生用閃閃發光的銀針在她兩側耳垂中各刺一針後，奇蹟出現了，姑娘重見光明。姑娘非常感激，於是請銀匠精製一對耳環戴在耳上，以示永不忘記名醫之恩。

當姑娘戴上銀耳環後，不但眼睛好了，而且愈發漂亮了。這件事情傳開以後，很多姑娘和婦女都紛紛效仿，女子戴耳墜的裝束也就流傳開來。

其實中國古代醫學中有一種「耳針治療」，即用小毫針、皮內針等，刺耳穴進行治病的方法。因為耳垂正中具有穴位，刺激它對保護視力和防治麥粒腫、急性結膜炎、老年白內障、中心性視網膜炎等各種眼病，特別是對近視眼有良好的療效。恐怕今天的女子不會想到戴耳墜還能治病吧？

戴耳墜還有一種說法是，能讓女孩子舉止端莊。這是怎麼回事呢？

傳說很早以前，有一戶人家只有老倆口，四十多歲才得一女孩兒，夫妻倆把女孩視為掌上明珠。姑娘長大了，嬌慣成一身的壞毛病，走路搖頭晃腦，沒一點兒女孩子的溫柔端莊。老倆口非常著急，怎麼規勸都不見效。

這樣的女孩子出嫁都成問題了。這可怎麼辦呢？老倆口靈機一動，最後終於想出個好辦法：在姑娘兩耳下各繫一短繩兒，繩兒下端繫一貝殼，這樣，只要姑娘頭一晃動，貝殼就會碰到姑娘的臉，而刮臉又是表示「羞」的意思，所以，姑娘立刻就會意識到別人在羞她，從此以後走路就不亂晃頭了。

後來很多女孩子紛紛仿效，以便使自己顯得端莊文靜一些，久而久之，就形成了戴耳墜的裝扮習俗。

延伸知識 女孩子「及笄」是多大年紀？

「笄」是束髮用的簪子。古代女子滿十五歲結髮，用笄貫之，因此稱女子滿十五歲為「及笄」；「及笄」也指已到了結婚的年齡，如「年已及笄」。語出《禮記・內則》「女子……十有五年而笄」。「女子許嫁，笄而醴之，稱字」（《儀禮．士昏禮》）。古時女子十五歲時許配的，當年就束髮戴上簪子；未許配的，二十歲時束髮戴上簪子。

古時女子出嫁一般在十三至二十歲之間，且主要集中於其中的十四至十八歲間這一年齡。漢時，女孩出嫁很多是十四五歲。一般說來，在古時男女婚齡習尚男比女大，但也忌諱雙方年齡相差太大。如果相差十歲以上就會受到輿論的譴責，俗諺云，「年老不娶少妻」，「年老不要娶少妻，要娶少妻生閒氣」。但是在一些貴族中，續娶的妻子比不得結髮，年齡相差不在此例。古時給男子娶一個年齡比男子大的女子為妻，多是貧困家庭所為，多是出於把媳婦當作勞動力，早娶進門早使媳婦的思想，富足的家庭不需要勞力做工，所以對於女比男大，一般是忌諱的。

古代女孩子把「及笄」作為重要的成人禮，過了這個年齡，也就標誌著步入成人了。

012

「五服」是指什麼？

日常生活中親戚排輩分時常提及「五服」一詞，以表示親戚的遠近親疏。這是什麼意思呢？

其實「五服」指的是五種喪服。在中國古代社會，以喪服來表示親屬之間血緣關係的遠近以及尊卑關係。「五服」具體指的是斬衰、齊衰、大功、小功、緦麻。斬衰是用很粗的生麻布做成，不縫邊，像斧斬一樣，故名斬衰。穿這種喪服服喪三年，用於臣、子、妻、妾為君、父、夫服喪；齊衰則是縫邊的生麻布做成；大功和小功則是用熟麻布做成，只是做工不同；緦麻是細的熟麻布做成。服喪時間依次減少，分三年、一年、九個月、五個月、三個月。古人以這五服表示親屬的遠近親疏。從自己開始，上到父親、祖父、曾祖父、高祖父，下到子、孫、曾孫、玄孫，同時還有上述親屬的旁親，都是有服親，叫內親。母親一系叫外親，服制只有一世，僅包括外祖父母、舅父、姨母、舅表和姨表兄弟，其他人則是無服親。同時，期親指父系親屬，大功親指祖父系親屬，小功親指曾祖父系親屬，緦麻親指高祖父系親屬，母系親屬均列入緦麻親中。

這樣分來，喪服不僅僅是在出殯時所著的服裝，也顯示出不同輩分與直、旁系親屬關係，因此大家就把「五服」作為表示親戚關係的一種標準了。甚至還有以五服制罪的法律，即「准五服以制罪」，就是按照五服所表示的親屬關係遠近及尊卑，來作為定罪量刑的依據。可見「五服」的親緣關係有多重要了。

延伸知識｜有人去世了，為什麼要送花圈呢？

有人去世時，送花圈寄託哀思幾乎是約定俗成的，為什麼要送花圈呢？花圈代表了什麼？

在中國古代，喪葬儀式以搭靈堂為主，四周飾以白布，並紮紙人、紙馬來燒，另外還要打幡、撒紙錢等，並沒有送花圈的習俗。

花圈最初並不是喪禮專用的。花圈的「發源地」據說在希臘，古希臘把花圈稱為「斯吉芳諾思」，是裝飾神像的「聖物」。按照基督教的傳說，一個人臨死時帶上花圈，安琪兒（即天使）就會把他的靈魂帶到天堂。在兩千多年前的古羅馬法律——《十二銅表法》中《神聖法》第七條說：「假如有人或者親身，或者由於自己的馬或奴隸在競賽中獲勝而得到花圈，那麼在他死時，無論在他家裡或在戰場，都不禁止把花圈置於死者身上。同樣，也允許他的親屬帶花圈參加葬禮。」

原來，花圈是在競賽中獲得的獎賞物！由於生前本人或者馬、奴隸獲得了這樣的獎賞，死者也有資格把花圈帶上天堂。既然花圈是勝利者和勇敢者才能得到的獎賞，難怪安琪兒就只願把有花圈的靈魂帶上天了。現在人們為死者送花圈，仍然屬於給死者贈送的「葬禮」之類。這種習俗已經被東、西方所共同接受了。

013

很多城市裡現在都保存有城隍廟，「城隍」有什麼含義？

現在把「城隍」看作是當地的神，掌管一方事務。城隍是神鬼世界中的一城之主，他的職權範圍相當於人世間的縣官。道教把城隍當做「翦惡除凶，護國保邦」之神，說他能應人所請，旱時降雨，澇時放晴，保穀豐民足。

其實最初的「城隍」不是神，而是指城郊外面的護城壕。「城隍」最早的含義是由「水庸」衍化而來的。《禮記．郊特牲》有載：「天子大蠟八，祭坊與水庸。」鄭玄注：「水庸，溝也。」古代人最早信奉的護城溝渠神是「水庸神」，以後逐漸演變為城郊的守護神，即城隍神。

據文獻記載，早在西元二三九年就有了城隍廟。後來，城隍廟逐漸遍布全國各地。城隍雖屬道教之神，但歷代帝王卻多重視他的作用，屢次予以加封。後唐末帝李從珂封之為王；元文宗又封及城隍夫人。

城隍本來是沒有姓名的，自宋代後，城隍便被人格化，很多殉國而死的忠烈被封為本城城隍。《宋史．蘇緘傳》記載：「緘殉節於邕州，交州人呼為蘇城隍。」人格化的城隍多以屬地名人為主，如蘇州的城隍是春申君，杭州的城隍是文天祥，鄭州城隍廟供奉的城隍爺是紀信等，顯示出城隍擬人化的結果。

不論城隍是神還是人，當地百姓都認為能保一方平安，因此祭祀城隍也就成了一種傳統。

延伸知識｜「寒食節」為什麼不允許生火做飯？

「寒食節」也被稱為「禁煙節」、「冷節」、「百五節」，在夏曆冬至後一百零五日，清明節前十二日。這一天禁煙火，不許生火做飯，只能吃冷食。後來民間又逐漸增加了祭掃、踏青、秋千、蹴鞠、牽鉤、鬥卵等風俗，在民間的影響極大，曾有「民間第一大祭日」之稱。

「寒食節」的由來據說是為了紀念春秋時晉國介之推（又稱介子推）。介之推是當年晉國的賢臣，侍奉公子重耳（後為晉文公）。後來晉國發生內亂，公子重耳被迫逃亡國外，介之推不畏艱難困苦跟隨重耳流亡。在逃亡途中，重耳饑餓難當，介之推就把自己的大腿肉割下來熬湯給重耳喝。

重耳做了國君後，讓手下的人自己申報功勞，論功行賞。很多人都紛紛彙報自己的功勞，獲得了賞賜。介之推卻什麼都沒說，因此也沒獲得獎賞。他帶著自己的母親隱居到山裡去。

有一天，經別人提醒，晉文公想起了這個「割股奉君」的賢臣，非常內疚，親自跑到他隱居的山中尋找。但是山上樹木很多，找不到介之推母子。有人給他出主意，說介之推是個孝子，如果放火燒山，他一定會背著母親出來。於是，晉文公命令放火燒山，結果火一下蔓延數十里，連燒三日不熄，但介之推沒有出來。火熄之後，大家進山察看，才發現介之推和他的老母相抱在一起，被燒死在一棵大樹下。

後來晉文公為了尊敬和懷念介之推，就在他被燒死的這天命令全國禁火，吃冷食。這個習俗逐漸流傳開來，人們把這天定為「寒食節」，都不生火做飯，只吃冷食，以表示對介之推的懷念。

014

過年為什麼要放鞭炮？

過年放鞭炮是中國人的傳統習俗，沒有鞭炮就感覺年味不足。

鞭炮在中國很早就有了，《詩經．小雅．庭燎》篇中，就有「庭燎之光」的記載。所謂「庭燎」就是用竹竿之類製作的火炬，竹竿燃燒後，竹節裡的空氣膨脹，竹腔爆裂，發出劈劈啪啪的響聲，這就是「爆竹」的由來。

那麼為什麼過年要燃放鞭炮呢？

傳說中國古時候有一種叫「年」的怪獸，頭長尖角，兇猛異常，「年」獸長年深居海底，每到除夕，爬上岸來吞食牲畜傷害人命，因此每到除夕，人們總扶老攜幼，逃往深山，以躲避「年」的傷害。

又到了一年的除夕，鄉親們都忙著準備外逃避難，這時候村裡來了一個白髮老人，他對鄉親們說，他能將「年」獸趕走。村裡人都不相信，大家勸他還是上山躲避的好，老人堅持留下，眾人見勸他不住，便紛紛上山躲避去了。

當「年」獸像往年一樣，準備到村裡抓人和牲畜吃時，白髮老人把帶來的鞭炮點燃了，「年」獸嚇得倉皇逃跑。原來「年」獸最怕紅色、火光和炸響。

第二天，當人們從深山回到村裡時，發現村裡安然無恙，這才明白，原來白髮老人點燃的鞭炮就是驅逐「年」獸的祕密武器。從此，每年的除夕，家家要燃放煙花爆竹，逐漸形成了過年時必不可少的一道節目。

延伸知識｜為什麼春節要相互拜年呢？

拜年是中國民間的傳統習俗，是人們辭舊迎新、相互表達美好祝願的一種方式。拜年的傳統由來已久，這與前面講的「年」獸有關。傳說「年」獸每逢臘月三十晚上，它便竄到村子裡，吞噬牲畜和百姓。人們只好準備些肉食放在門外，然後把大門關上，躲在家裡。直到初一早晨，「年」飽餐後揚長而去，人們才開門相見，作揖道喜，互相祝賀又躲過了「年」獸的迫害，可以有新的平安的一年了。這就是「拜年」的由來。

拜年的方式多種多樣，有的是族長帶領若干人挨家挨戶地拜年；有的是同事相邀幾個人去拜年；也有大家聚在一起相互祝賀，稱為「團拜」。到宋代，親朋好友之間會相互送帖致賀，這就是早期的賀年卡。到了明代，賀年卡設計更加完美、精緻，帖上不僅印有送者的姓名、地址，還寫上了「新年快樂」、「吉祥如意」的祝辭。看來，賀年卡的發明也是我們老祖先的貢獻。拜年時，晚輩要先給長輩拜年，祝長輩長壽安康，長輩可將事先準備好的壓歲錢分給晚輩，據說壓歲錢可以壓住邪祟，因為「歲」與「祟」諧音，晚輩得到壓歲錢就可以平平安安度過一歲。

015

「壽星」這一稱呼是怎麼來的？

中國人都喜歡老壽星，認為是長壽的象徵。那麼壽星是怎麼來的呢？

壽星是中國神話中的長壽之神，為福、祿、壽三星之一，又稱南極老人星。看起來很普通，慈眉善目，和藹可親。但在古代，他卻曾經是地位崇高的威嚴星官。司馬遷《史記．天官書》中記載，秦朝統一天下時就開始在首都咸陽建造壽星祠，供奉南極老人星。當時的星相學家認為見到壽星，天下太平；見不到壽星，就預示會有戰亂發生。早期星相著作中，也講到如果老人星顏色越是暗淡，甚至完全不見，就預示將有戰亂發生。在這時候，還沒有把壽星當作長壽的象徵。

《西遊記》中寫壽星「手捧靈芝」，長頭大耳短身軀。《警世通言》有「福祿壽三星度世」的神話故事。畫像中壽星為白鬚老翁，持杖，額部隆起。「福、祿、壽」三星中的「壽」就是壽星老人，也稱老人星。由此壽星的形象開始向長壽方向變化，也開始為老百姓所喜愛。

由於道教養生觀念的融入，也使壽星形象發生相應的改變。最明顯的要數他碩大的、向前突出的腦門。壽星的大腦門，也與古代養生術所營造的長壽意象緊密相關，比如丹頂鶴頭部就高高隆起。一般壽星畫像手裡所捧的壽桃，據說是王母娘娘蟠桃會上特供的長壽仙果，吃後可以立刻成仙長生不老。種種長壽意象融合在一起，最終形成了一個和藹可親、大腦門的老人手捧壽桃的形象。

延伸知識｜祝壽為什麼要送壽桃？

中國人在祝壽時習慣送壽桃來表達祝福，這個習俗是怎麼形成的呢？

送壽桃的習俗據說是從孫臏開始的。孫臏十八歲時就離開家鄉，拜鬼谷子為師學習兵法。轉眼間過去了十二年。在五月初五那一天，孫臏突然想起來今天是母親的生日，應該回去給母親祝壽。孫臏於是向師傅請假，要回鄉看望母親。臨行前，師傅鬼谷子摘下一個桃送給孫臏說：「你回家為母祝壽，顯示了你的一片孝心。我將這個桃子送給你，請轉給你母親，表達我的問候之意。」

再說孫臏的家裡，這天大擺酒宴為老母親慶壽。老母因思念孫臏，心裡難過便哭了起來。正在這時孫臏回來了。他趕忙從懷裡捧出師傅送的桃說：「今日告假回來，師傅送我一個桃孝敬母親。」老母親非常高興，接過桃子咬了一口，雪白的頭髮變成了烏黑的，老花眼也看得清楚了，臉上的皺紋也不見了，走路也不用拐杖了，一下子年輕了好多歲。全家人都非常高興。

鄉鄰們看見孫臏的母親吃了桃以後，變得健壯年輕了，便紛紛效仿孫臏，在父母過生日的時候，甚至是一般親朋好友過生日的時候，送上壽桃，表示衷心的祝福。以後就逐漸形成了一種傳統，在祝壽時獻上壽桃，表示祝賀。

016

小孩滿一周歲時為什麼要「抓周」？

當小孩子長到一周歲時，大人們會將工具、文具、文書、兵器、日常用品等物品放在孩子面前，讓孩子隨意抓一樣，然後根據所抓的物品來判定孩子的前程，這種活動民間稱為「抓周」，也稱作「周晬」或「試晬」、「試周」、「試兒」。晬，就是嬰兒滿百日或滿一歲的意思。那麼為什麼要在孩子一周歲時進行這項活動呢？

據說「抓周」起源於三國東吳的「孫權選嗣」。孫權稱帝不久，太子孫登因病去世，其他的兒子們便各自在母家的支援下，結交權臣，爭奪嗣位，孫權對此十分煩惱。有個叫景養的隱士給孫權出主意，說可以選出誰適合當太子。

孫權選了一個吉日，景養端出一個擺滿珠貝、象牙、犀角、翡翠、簡冊、綬帶等物的小盤子，請皇子各自抱自己的兒子來抓取。其中只有孫和的兒子孫皓一手抓過簡冊，一手抓過綬帶，其餘都是抓那些金銀財寶。孫權大喜，於是冊立孫皓為太子。

其他皇子卻不服氣，透過爭鬥，另立孫亮為太子。孫亮繼位才三年，便被一場政變推翻，改由孫休做皇帝。孫休死後，群臣又擁戴孫皓接位，應了當時預測的結果。後來這個方法流傳開來，大家都認為孩子滿一歲了，不會輕易夭折，所以在周歲這天進行「抓周」，成了一種民俗。

唐宋時期百姓已經很重視「抓周」，儀式也很隆重。一般來說，「抓周」時擺的物品各有象徵意義：紙、筆、硯、書籍等象徵讀書；官帽、誥敕、印章等象徵做官；刀、劍、戈、矛等兵器象徵勇武；金銀、珠寶等象徵財富……一般家長都會把有好預兆的物品擺在孩子面前，所以最後得到的結果不論是哪種，都是比較吉祥和幸運的。

至於「抓周」是否都靈驗了，卻沒有相關的統計。一般人也不會把這種預兆永遠惦記著，只是在當時圖個高興就可以了。

延伸知識｜滿族人為什麼把母親稱作「額娘」？

目前清代題材的影視劇很多，有些觀眾留心點就會發現滿族人稱母親不叫娘，也不叫媽，而是叫「額娘」。這是什麼原因？是滿語嗎？

關於「額娘」的稱呼有個美麗的傳說。

很久以前，天上住著三個仙女，既美麗又善良。有一天，她們感覺在天上生活太孤單寂寞了，就變成三隻美麗的天鵝，偷偷地來到了人間。她們飛到了一座四處都是陡峭的高山上。山頂上有一片清亮亮的湖水，水面平靜，顏色深藍，美麗極了。三位仙女被這清澈的湖水吸引，於是落到水面快樂地游起來。

正當三個仙女玩得高興的時候，不知從哪裡飛來一隻小鳥，嘴裡叼著一顆閃閃發光的紅果。三仙女很喜歡這隻美麗的鳥兒，她在水中仰起臉，張嘴向它笑。這時「吧嗒」一聲那紅果正巧落在三仙女的嘴裡。三仙女感覺果子非常香甜，就吞了下去。

當三位仙女洗好澡、穿好衣服、準備往回飛的時候，三仙女覺得自己的身子又重又沉，兩條手臂也舉不起來。她懷孕了。兩個姐姐只好安慰她，讓她生了孩子後，明年回來接她。

三仙女被迫留在人間，在這座美麗的山中生活著。十二個月後，生下一個胖小子。這孩子一落地就會說話。三仙女就告訴他：「孩子，你要記住，生你的地方是果勒敏珊延阿林（今長白山），你的姓名是愛新覺羅．庫布裡雍順（滿族始祖）。」「三仙女給孩子做了一隻小樺皮船，把孩子放到小船裡，裡面鋪上鮮花和樹葉，然後把小船放到天池裡，流著淚囑咐道：「親愛的孩子，願上天保佑你，平安的長大吧！」

於是三仙女又變成了一隻潔白的天鵝，準備飛回天上。她捨不得自己的孩子，在天池上空盤旋著。小船裡的孩子看見媽媽變成了天鵝，不住地喊著：「鵝娘、鵝娘！」但天規難犯，三仙女還是飛走了。

後來的滿族人都稱自己的母親為「鵝娘」，時間長了，就變成了「額娘」了。

017

「唐裝」是唐朝人的服裝嗎？

「唐裝」顧名思義，是唐朝的服裝，真的是這樣的嗎？

現在流行的唐裝，其實並不是唐代的服裝，基本上是清末的中式著裝，「唐裝」的稱謂，其實源於海外。唐代是中國古代輝煌的盛朝，聲譽遠及海外，以後海外各國都稱中國人為「唐人」。《明史》卷三百二十四記載：「唐人者，諸番（外國人）呼華人之稱也，凡海外諸國盡然。」在美國、東南亞乃至歐洲的華人居住區，都被稱為「唐人街」，所以外國人把住唐人街的華人穿的中國傳統風格的服裝稱為「唐裝」。

在二十世紀初，粵、港、澳一帶的居民就是以「唐裝」和「西裝」來並稱，用以區別中、西服裝的。而在二〇〇一年中國上海APEC會議上，中國作為東道主請前來與會的亞洲及太平洋經濟體的領導人穿「唐裝」，祥和喜慶的「唐裝」正式在國際最高會議上亮相，展現了中國傳統文化在國際上的魅力。

那麼唐朝服裝的主要樣式是什麼呢？「襆頭紗帽」和「圓領袍衫」是唐代男子最主要的服飾。「襆頭」是一種包頭用的黑色布帛。唐代的男子服裝主要是圓領袍衫，傳統的冠冕衣裳只是在隆重的場合時偶爾穿一穿，如祭天地、宗廟等活動。日常生活中「襆頭袍衫」是最普遍的打扮。袍服的款式各個時期都有所變化，並不是一成不變的。早期袍服的袖子多用大袖，但大袖對域外的民族來說，則不太適宜。因北地寒冷，不便採用大袖，而採取緊裹雙臂的窄袖。隨著南北風俗習慣的相互滲透，這種緊身、窄袖的袍服樣式，也被漢族人民所接受，成為唐代袍服款式的代表。

現在的唐裝雖然是清人的主要裝束，但是把「唐朝」與「清裝」結合在一起，正好說明了中國悠久歷史文化對世界的影響。

延伸知識——「蘇繡」為什麼天下聞名？

「蘇繡」指蘇州刺繡，歷史上早就名揚天下。蘇繡發源地在中國蘇州吳縣一帶，現已遍衍江蘇省的無錫、常州、揚州、宿遷、東台等地。為什麼蘇州出產的刺繡那麼有名呢？

蘇繡的產地江蘇土地肥沃，氣候溫和，蠶桑發達，盛產絲綢，自古以來就是錦繡之鄉。優越的地理環境，絢麗豐富的錦緞，五光十色的花線，為蘇繡發展創造了有利條件。據西漢劉向《說苑》記載，早在二千多年前的春秋時期，吳國已將蘇繡用於服飾。三國時代，吳王孫權曾命丞相之妹手繡《列國圖》。這些都說明蘇繡的悠久歷史和工藝的傳承。

蘇繡在工藝上有獨到之處，是其他刺繡所不能及的。據《清秘藏》敘述蘇繡「宋人之繡，針線細密，用線一、二絲，用針如髮細者為之。設色精妙，光彩射目」。可見在宋代蘇繡藝術已具有相當高的水準。在繪畫藝術方面出現了以唐寅（伯虎）、沈周為代表的「吳門畫派」，推動了刺繡的發展。優秀的繪畫藝術與優秀的刺繡藝術相結合，蘇繡所取得的成績已不單單是刺繡，而上升到文化層面了。因此蘇繡逐漸被世人所認可，並被奉為刺繡的最高水準代表。

現在中國蘇繡工藝仍然具有極高的水平，曾多次在國際和中國國內獲獎。二〇〇六年五月二十日，「蘇繡」遺產經中國國務院批准列入第一批國家級非物質文化遺產名錄。二〇〇七年六月五日，經中國國家文化部確定，江蘇省蘇州市的李娥瑛和顧文霞為該文化遺產專案代表性傳承人，並被列入第一批國家級非物質文化遺產專案二二六名代表性傳承人名單。

古老的蘇繡正在煥發出青春的活力，在世界範圍內傳揚。

018

「滿漢全席」分哪些類型？用途都是一樣的嗎？

「滿漢全席」聞名天下，是集滿族與漢族菜之精華而形成的歷史上最著名的中華大宴。那麼是不是所有的「滿漢全席」菜餚都是一致的？還有什麼不同用途嗎？

「滿漢全席」的全部菜餚起碼有一百零八種，取材廣泛，突顯出滿族菜點的特殊風味，燒烤、火鍋、涮鍋幾乎是不可缺少的菜點；同時又展現了漢族烹調的特色，扒、炸、炒、溜、燒等兼備。「滿漢全席」又有幾種類型：

一、蒙古親藩宴。這是清朝皇帝為招待與皇室聯姻的蒙古親族所設的御宴。一般設宴在正大光明殿，由滿族一二品大臣做陪。歷代皇帝對此都非常重視，每年都要舉行。而受宴的蒙古親族對能參加這樣的宴會更是引以為榮。

二、廷臣宴。廷臣宴於每年上元後一日即正月十六日舉行，由皇帝親點大學士、九卿中有功勳者參加。這個宴會皇帝也非常重視，每歲循例舉行。蒙古王公等也都全體參加。皇帝藉此來拉攏近臣，同時又是表彰廷臣們功祿的一種象徵形式。

三、萬壽宴。這是清朝帝王的壽誕宴，也是內廷的大宴之一。後妃王公，文武百官都借此為皇帝獻禮。如果遇上皇帝大壽，則慶典更為隆重盛大。

四、千叟宴。千叟宴始於康熙，盛於乾隆時期，是清宮中規模最大、參加宴會者最多的盛大御宴。此宴得名是由於康熙五十二年在陽春園第一次舉行千人大宴，康熙帝席賦《千叟宴》詩一首，因此得名。

五、九白宴。九白宴始於康熙年間。康熙初定蒙古外薩克等四部落時，這些部落為表示投誠忠心，每年以九白為貢，即：白駱駝一匹、白馬八匹。蒙古部落獻貢後，皇帝設御宴招待使臣，所以稱作「九白宴」。每年循例而行。

六、節令宴。節令宴系指清宮內廷按固定的年節時令而設的筵宴。如：元日宴、元會宴、春耕宴、端午宴、乞巧宴、中秋宴、重陽宴、冬至宴、除夕宴等，各個重要節氣都循例而行。滿族與漢族的交融在飲食方面彼此交融，因此臘八粥、元宵、粽子、冰碗、雄黃酒、重陽糕、乞巧餅、月餅等在清宮中一應俱全。

「滿漢全席」已經不僅僅局限於飲食了，而是上升到一種文化層次上，展現了中華飲食文化和民族融合的優秀成果。

延伸知識 中國的八大菜系是怎麼形成的？

菜系是指在一定區域內，由於氣候、地理、歷史、物產及飲食風俗的不同，經過漫長歷史演變而形成的一整套自成體系的烹飪技藝和風味，並被全國各地所承認的地方菜餚。一個菜系的形成是和它的悠久歷史與獨到的烹飪特色分不開的，同時也受這個地區的自然地理、氣候條件、資源特產、飲食習慣等影響。

中國的菜系很廣泛，通稱有「八大菜系」。那麼這些菜系是怎麼形成的？菜餚在烹飪中有許多流派。清代的時候，中國飲食分為京式、蘇式和廣式。民國開始，中國各地的文化有了相當大的發展，民國時分為華北、江浙、華南和西南四種流派。後來華北流派分出魯菜，成為八大菜系之首，江浙流派分為蘇菜、浙菜和徽菜，華南流派分為粵菜、閩菜，西南流派分為川菜和湘菜。魯、川、蘇、粵四大菜系形成的歷史較早，後來，浙、閩、湘、徽等地方菜也逐漸出名，就形成了中國的「八大菜系」。經過競爭，排名有了變動，首先川菜上升到第二，蘇菜退居第三。後來形成最有影響和代表性的也為社會所公認的有：魯、川、蘇、粵、閩、浙、湘、徽等菜系，即人們常說的中國「八大菜系」。

019 養生粥「粥公粥婆」是怎麼來的？

關於「粥公粥婆」的故事，有一個傳說：

清康熙十六年，康熙皇帝第五次下江南微服私訪。這一年的秋天，皇上帶著隨從來到廣州，路上染了風寒，廣東地方官吏下文通告嶺南各路名醫為皇上治病，但卻不見成效。

後來聽說梅州鄉下有一對阿公阿婆擅長熬粥，他們用家傳祕方配製粥料，既有美味，還能養生健體、消病祛疾。於是地方官派專人把這對阿公阿婆接到官府，並按阿公阿婆的要求架起了柴鍋土灶，精選嶺南特有烏梅為主料，配以其他輔料及若干味中藥，經過若干時辰的文火慢熬，一鍋飄著藥香的養生粥熬製完成。皇帝嚐了一口，不但味道鮮美，而且感覺神清氣爽。沒多久，康熙皇帝身體便恢復了。

阿公阿婆熬粥的名聲就此傳了出去，遠近聞名。後來，梅州的這種養生粥在民間廣為流傳，被人們賦予「粥公粥婆」的美譽。

還有一種傳說是，在乾隆年間，一場瘟疫襲擊了廣東，朝廷派人去救治，成效甚微。卻發現有幾個小村莊在瘟疫中安然無恙，原來他們都是吃了一對熬粥的老夫婦送的粥，這對熬粥的老夫婦被當地人稱為「粥公粥婆」。粥公粥婆的粥加入了大量五穀雜糧和滋補藥物，常吃這種粥的人身體強健，一般的病毒都奈何不了。後來大力推廣這種粥，疫情終於得以控制，乾隆皇帝大喜，稱讚這對老夫婦為「廣東食神」。傳說自然有誇張的成分，但在粥中加入適當的滋補藥物，確實有很好的養生保健效果。「粥公粥婆」也為中華養生飲食作出了重要貢獻。

延伸知識——「小吃」到底指哪些食物？

「小吃」幾乎隨處可見，那麼它到底是什麼？

在《中國烹飪百科全書》中，是將「小吃」與「點心」並列作一個條目解釋：「用於早點、夜宵、茶食或席間的點綴，以及茶餘飯後消閒遣性的小型方便食品如油條、豆漿、粽子、元宵、糕點等，它以量少、精製而有別於正餐和主食，也以量少、價錢便宜而區別於大菜，常稱作經濟小吃。小吃、點心是中國烹飪的重要組成部分，歷史悠久，品類豐富，外觀精美，講究風味，富有中國傳統文化特色。小吃、點心兩詞，古代常互用，沿襲至今。北方與長江上游地區，將食肆飯攤邊做邊賣的早點、夜宵食品，都稱為小吃，而將糕點廠的製品以及宴會所用的精美糕點，則稱為點心；南方地區有的將早點、夜宵用的米麵製品都稱作點心，而將肉類製品稱作小吃。有的地方則把小吃、點心視為同義詞，不加區別而混用。許多地方還將一些主食的食品作為小吃、點心供應於市。」

《漢語大詞典》則這樣解釋：「（一）正式飯菜以外的熟食，多指下酒菜……今多指點心鋪出售的熟食或飯館中的經濟膳食。……（二）西餐中的冷盤。」

《現代漢語詞典》（一九八一年版）解釋道：「（一）飯館中分量少而價錢低的菜：經濟小吃。（二）飲食業中出售的年糕、粽子、元宵、油茶等食品的統稱：小吃店。（三）西餐中的冷盤。」

透過這些權威的字典解釋可以看出，所謂「小吃」，對於老百姓來說，包括的東西實在是太廣泛了，不僅糕點、年糕、油條、豆漿、油茶、粽子、元宵，這一類食品叫小吃，像炒肉皮、黃豆芽、羊肉雜碎等也是小吃，而有的地方還把肉類製品叫小吃，有的地方把一些主食當小吃，再加上「早點」、「夜宵」、「正式飯菜以外的熟食」、「下酒菜」等等語義朦朧的概括，和「西餐中的冷盤」這樣的外來飲食，你能說出不算小吃的有哪些嗎？

020

「叫化雞」與乞丐有什麼關聯嗎？

「叫化雞」是中國江蘇常熟名菜，又稱「黃泥煨雞」。它與乞丐有什麼關聯嗎？

提起「叫化雞」的來歷，據說還真與乞丐有關。

清朝，在虞山有一個叫化子討飯討得一隻雞，可惜既無炊具又無調料，沒有辦法吃，於是只能用土法來做了。他先將雞殺了，去了內臟，帶毛塗滿黃泥，撿了一些敗枝殘葉隨意將雞烘烤上，自己躺到一旁睡覺去了。一覺醒來，看到泥團表面有些裂縫，便往地上一摜，泥殼脫落後，露出香氣四溢的雞肉，令人饞涎欲滴。

正好隱居在虞山的大學士錢牧齋路過，聞到香味就嚐了一下，覺得味道獨特，回家命其家人稍加調味如法炮製，味道更是鮮美無比。後來，這種烹製方法就在民間流傳開來，大家把這種烹製出來的雞叫「叫化雞」。

「叫化雞」產生後，很多人對其工藝進行改良，使其色、香、味俱全，因此長盛不衰。二十世紀初，山景園朱阿二對叫化子煨泥的方法略作改進，除去內臟後，塗上佐料，並將鮮肉、生蝦仁、雞肫、火腿、香菇、香料等什錦配料塞入雞肚，用荷葉、高溫紙包紮，塗上泥，然後煨雞。這樣煨出來的雞，雞肉酥爛異香，味透而嫩，上筷骨肉脫離，原汁原味，風味獨特，此後山景園便靠叫化雞等名菜聲譽鵲起，名滿江南。

如今「叫化雞」的品種有山景園叫化雞、王四叫化雞、虞山牌叫化雞等，已列入《江蘇菜譜》和《中國名菜譜》。古老的菜餚正煥發出新的美味。

延伸知識——「曹操雞」是怎麼得名的？

曹操是東漢末年著名的政治家、軍事家，他難道還會烹飪嗎？「曹操雞」是始創於東漢安徽合肥的傳統名菜，與曹操有什麼關係嗎？

東漢末年戰亂不斷，合肥因地處吳頭楚尾，為兵家必爭之地。在漢獻帝建安十三年（二〇八），曹操統一北方後，率領八十萬大軍南下征伐孫吳，行至廬州（今安徽合肥）時，曹操因為軍政事務繁忙，操勞過度，頭痛病發作，臥床不起。行軍膳房廚師遵照醫生囑咐，選用當地仔雞配以中藥、好酒，精心烹製成藥膳雞。曹操品嚐過後，感到味道香醇，十分喜愛，後來身體很快康復了。以後曹操用餐時經常吃這道菜，大家就把它命名為「曹操雞」。

這道菜的烹製並不繁瑣，其製作須選用一千克左右的仔雞，將整隻雞經宰殺整型、塗蜜油炸後，再經配料滷煮入味，直燜至酥爛，肉骨脫離。出鍋成品色澤紅潤，香氣濃郁，皮脆油亮，造型美觀。吃時抖腿掉肉，骨酥肉爛，滋味特美，且食後餘香滿口。因而，以其獨具一格的風味，受到中外食客好評。其實很多菜餚與歷史名人攀上關係，就會顯得更有文化品位一些，與菜餚本身的品質好壞沒什麼關聯。菜餚本身的口味與營養是重要的，這是這些名菜流傳千古的真正原因所在。

021 火鍋是怎麼發展來的呢？

現在中國各地都有火鍋店，「四川火鍋」、「重慶火鍋」等隨處可見，很多人也都非常喜歡吃火鍋。那麼這種吃法是怎麼來的呢？

火鍋，古稱「古董羹」，因食物投入沸水時發出的「咕咚」聲而得名。它產生的時間很早，具體從什麼時候開始已不得而知，但大約一萬年前，人們煮食用陶製的鼎，無論是三足或四足的鼎，在當時，只要是能吃的食物以肉類為主，通通都丟入鼎內，然後在底部生火，讓食物煮熟，成為一大鍋的食物，當時叫做「羹」，這可以說就是最早的火鍋了。

到了西周時代，銅與鐵的發明使器皿有了很大的改觀，鍋子用銅與鐵製造，導熱性更好，更輕便，同時也與近代的鍋子非常相近，銅製的鍋子與陶製的沙鍋，到現在還是最實用、最普遍的火鍋器皿，火鍋可以說有了長足的進步。

東漢時期，火鍋更前進了一步。三國時代，魏文帝所提到的「五熟釜」，是可以分幾格的鍋，可以同時煮各種不同的食物，和現今的「鴛鴦鍋」差不多。到了南北朝，「銅鼎」是最普遍的器皿，也就是現今的火鍋。演變至唐朝，火鍋又稱為「暖鍋」。到宋代，火鍋的吃法在民間已十分常見，南宋林洪的《山家清供》食譜中，便有與友人吃火鍋的介紹。元代，火鍋流傳到蒙古一帶，用來煮牛羊肉。至清代，火鍋不僅在民間盛行，而且成了一道著名的宮廷菜。

看似簡單的火鍋，經歷了數千年的演進，從形式到內容並沒有發生太大的改觀，而如今已形成了老少皆宜的大眾飲食。

延伸知識——「麻婆豆腐」是什麼樣的豆腐？

提起「麻婆豆腐」很多人都不陌生，許多飯店的菜單上都會有這道菜。可是，對於它的名字的來歷，好奇的人多，知道的人少。

「麻婆豆腐」全稱「陳麻婆豆腐」。據說在清朝同治元年，成都北郊萬福橋邊有一個「陳興盛飯鋪」，店主陳春富早歿，小飯店便由老闆娘經營，老闆娘臉上有幾個麻點，人稱「陳麻婆」。

萬福橋橫跨府河上，橋上常有販夫走卒，推車抬轎之類的苦力在此歇腳、打尖。光顧「陳興盛飯鋪」的主要是挑油的腳夫。這些人經常是買點豆腐、牛肉。再從油簍子裡舀些菜油要求老闆娘代為加工。老闆娘對烹製豆腐有了一套獨特的烹飪技巧，做出的豆腐色味俱全，吃過的人沒有不翹大拇指的。

有一些食客在飽飯之後，就拿老闆娘開玩笑尋開心。其中有人看到老闆娘臉上略有幾個麻點，綽號「陳麻婆」，就將這道菜稱為「陳麻婆豆腐」。後來這個稱呼傳開了，老闆娘索性將飯鋪改為「陳麻婆豆腐」。

「麻婆豆腐」手藝一直流傳下去，竟成為四川具有代表性的名菜。據《成都通覽》記載，「陳麻婆豆腐」在清朝末年就被列為成都著名的一道菜了。

022

「佛跳牆」怎麼會成為一道菜的菜名？

「佛跳牆」，聽起來很奇怪，怎麼也不像是菜的名字，可它偏偏就是美味佳餚，奇怪不？「佛跳牆」原名「福壽全」，是福建的傳統名菜，至今已有百餘年的歷史。關於「佛跳牆」的來歷，在福州民間有幾種傳說：

在清朝同治末年，福州官錢莊一位官員設家宴請福建布政司周蓮，他的紹興籍夫人親自下廚做了一道菜，名叫「福壽全」，內有雞、鴨、肉和幾種海產，一併放在盛紹興酒的酒罈內煨製而成。周蓮吃後讚不絕口，於是讓自己的廚子鄭春發來拜師學藝。鄭春發又在用料上加以改革，多用海鮮，少用肉類，使菜越發葷香可口。

後來鄭春發離開周蓮衙府，集資經營聚春園菜館，「福壽全」就成了這家菜館的主打菜，因為福州話「福壽全」與「佛跳牆」的發音相似，久而久之，「福壽全」就被「佛跳牆」取代了，形成了這麼一個有趣的名字。

還有一種說法是，福建風俗，新媳婦出嫁後的第三天，要親自下廚露一手茶飯手藝，讓公婆品嚐，以博得婆家人的好感。傳說有一位大戶人家的女孩，從小嬌生慣養，根本不會做菜，臨到出嫁了才知道著急。

她母親便把家裡的山珍海味都拿出來做成各式菜餚，一一用荷葉包好，告訴她如何烹煮。誰知這位小姐竟把燒製方法忘光，情急之下就把所有的菜一股腦兒倒進一個紹酒罈子裡，蓋上荷葉，擱在灶頭。第二天早上，打開罈子，一股葷香彌漫全屋，全家人連連稱讚，於是就有了「十八個菜一鍋煮」的「佛跳牆」！

還有一個傳說，一群乞丐每天提著陶鉢瓦罐四處討飯，把討來的各種殘羹剩菜倒在一起燒煮，熱氣騰騰，香味四溢。附近廟裡的和尚聞到了香氣，被引誘得口水直流，實在忍不住了，跳牆而出，與乞丐們一起吃起來。後來有人寫詩說：「醞啟葷香飄十里，佛聞棄禪跳牆來。」於是產生了「佛跳牆」這個名字。

不管哪種傳說，「佛跳牆」都成了一道美味，成為福建的招牌菜。

延伸知識──「京八件」是指哪八樣食品？

很多去中國北京旅遊的人，都會買上一些北京傳統小吃「京八件」帶回去以饋親友，「京八件」是指哪八種食品呢？

「京八件」是指八種形狀、口味不同的京味糕點，是在宮廷糕點「大八件」的基礎上發展而來的。傳統的「大八件」是京味糕點的代表種類，是從清宮裡傳出來的著名糕點，原本是皇室貴族在重大節日典禮中要擺上餐桌的點心，也是他們之間互相饋贈必不可少的禮品，不但用料考究，還蘊涵著儒雅的文化色彩和皇室的高貴氣派。後來從宮廷傳到民間，受到各界人士的鍾愛，成為相當長一段時間內京城百姓禮尚往來的首選禮品。

傳統的「大八件」共分以下八種：象徵幸福的福字餅；象徵高官厚祿的太師餅；象徵長壽的壽桃餅；有方形帶有雙「囍」字的喜字餅；有象徵財富的銀錠餅；有諧音「吉慶有餘」的雞油餅；還有棗花餅，可能寓意年輕的夫婦早生貴子，而且要有男有女。這八種食品分別象徵福、祿、壽、喜、財、文等，所以稱「大八件」。

「小八件」則是做成各種水果形狀的糕點，有小桃，俗稱壽桃；小杏，諧音幸運、幸福；小石榴，象徵多子；小蘋果，寓意平平安安；小核桃，寓意和和美美；小柿子，諧音事事如意；小橘子、棗方子等也各有寓意。「小八件」塊兒小，重量比「大八件」要輕。此外，還有酒皮「細八件」，用料更講究，做得更精細。

新開發的「京八件」，產品製作上在繼承老北京民間糕點的基礎上，又融合了西式糕點的製作工藝，選用了營養、綠色、健康的玫瑰豆沙、桂花山楂、奶油栗蓉、椒鹽芝麻、核桃棗泥、紅蓮伍仁、枸杞豆蓉、杏仁香蓉等八種餡料，並配以植物油、蜂蜜等輔料。在造型上有壽桃形寓意祝壽，元寶形寓意財富，宮燈形寓意喜慶，如意形寓意吉祥如意等，分別代表「福、祿、壽、喜、富、貴、吉、祥」八種適合人們美好願望的字元，寓意八項美好的祝願。

所以，「京八件」不僅味道美，而且有很好的寓意，因此受到人們的喜愛。

023

「太師椅」是專供太師坐的嗎？從什麼時候開始有這個名字的？

「太師椅」在舊時家具中比較常見，它是太師專用的嗎？從什麼時候開始有這一名稱的？

要說「太師椅」，就要先提一下椅子的歷史。東漢末年，從西域傳入一種新式坐具，能折疊，便於攜帶，當時稱胡床，後因隋煬帝忌「胡」，改稱交床，後又演變為交椅。「太師椅」一詞出現於北宋，有關太師椅名稱的最早記載見於宋代張端義的《貴耳集》卷下：「今之校椅，古之胡床也，自來只有栲栳樣，宰執侍從皆用之。因秦師垣在國忌所偃仰，片時墜巾。京尹吳淵奉承時相，出意撰製荷葉托首四十柄，載赴國忌，所遣匠者頃刻添上。凡宰執侍從皆用之，遂號太師樣。」

這裡面所提的「秦師垣」，就是當時任太師的大奸臣秦檜。文中記載說，秦檜坐在那裡一仰頭，無意中頭巾墜落。吳淵看在眼裡，便命人製作了一種荷葉托首，由工匠安在秦檜等人的椅圈上。太師椅就這樣創造出來，「太師椅」的名稱也流傳下來。當時的太師椅就是帶有荷葉托首的圈椅。這種托首與現代汽車、飛機靠背椅上的頭枕功能相近。

明朝，「太師椅」的形狀有所變化，椅形已不是指帶有荷葉托首的交椅了，而是把椅背、扶手呈圈的都稱為太師椅。清代的「太師椅」進一步變化，把屏背式扶手椅稱太師椅，已經不是明朝時的圈椅了。

太師椅的變化，說明在歷朝歷代的發展中傳統家具的變化，各個朝代都可以根據時代需要進行適當的改變。

延伸知識——「八仙桌」是怎麼來的？

八仙桌是指桌面四邊長度相等的、桌面較寬的方桌，大方桌四邊，每邊可坐二人，四邊圍坐八人，所以百姓將其稱為「八仙桌」。那麼它是怎麼得名的呢？這與古代桌子的發展有關。

遠在有虞氏時代就有了几案類的家具，當時稱為「俎」，一般都是在祭祀時使用。「案」的名稱在周代後期才出現，宋高承撰《事物紀原》卷八載：「有虞三代有俎而無案，戰國始有其稱。」「桌子」的名稱在五代時方才產生。

在遼金時代已經出現了八仙桌，到了明代，八仙桌的造型已基本完善，分為有束腰與無束腰兩種形式，有束腰的工藝是，在桌面下部有一圈是收縮進去的，而無束腰的即四腿直接連著桌面。至清代時，八仙桌大部分改成帶束腰的，腿有的也改成了三彎腿，牙板加了很多如拐子龍、浮雕吉祥圖案等裝飾性的部件，具有實用性與美觀性並存的特點。明清時期，八仙桌已經很普及了，不論是官宦人家還是普通百姓，都將八仙桌作為很重要的家具擺設。

為什麼八仙桌能這麼普及呢？

從結構和用途上來說，八仙桌都有很多優點。在大型家具中八仙桌的結構最簡單，用料最經濟，也是最實用的家具。其使用方便，形態方正，結體牢固。親切、平和又不失大氣，有極強的安定感，這也使得八仙桌成為能上得了大雅之堂的中堂家具。

另有許多民間傳說「八仙桌」與「八仙」有關，但已不可考。

024
貼春聯將「福」字倒貼，原因是什麼？

每年春節，在貼春聯時，很多人習慣將「福」字倒貼，取其寓意「福到了」之諧音。據《夢粱錄》卷六「除夜」記載：「士庶家不論大小，俱灑掃門閭，去塵穢，淨庭戶，換門神，掛鍾馗，釘桃符，貼春牌，祭祀祖宗。」這裡所說的「貼春牌」就是寫在紅紙上的「福」字。這種習俗是怎麼來的呢？

據說「福」字倒貼的習俗來自清代恭親王府。一年春節前夕，大管家為討主子歡心，照例寫了許多個「福」字讓人貼於庫房和王府大門上，有個家人因不識字，誤將大門上的「福」字貼倒了。為此，恭親王福晉十分惱火，多虧大管家能言善辯，跪在地上奴顏婢膝地說：「奴才常聽人說，恭親王壽高福大造化大，如今大福真的到（倒）了，乃吉慶之兆。」福晉聽了想，路上的行人都說恭親王府福到（倒）了，這倒也不錯，取其諧音還能有這樣的吉兆，所以很滿意，便重賞了管家和那個貼倒福的家人。後來人們每逢春節時都將「福」字倒貼，就是為了取這個吉利的諧音，久之就形成了一種風俗。

「福」字倒貼的風俗還有一個傳說：

明太祖朱元璋為了排除異己，準備大開殺戒。支援皇帝的人家都要在門上貼一「福」字，以免誤傷。好心的馬皇后知道了消息，暗自傳令，全城人家必須在天明之前都在自家門上貼上一個「福」字。皇后的旨意傳下後，城中每家都在門上貼了「福」字。其中有戶人家不識字，竟把「福」字貼倒了。第二天，皇帝派人上街查看，發現家家都貼了「福」字，還有一家把「福」字貼倒了。皇帝聽了稟報大怒，立即命令御林軍把那家滿門抄斬。

馬皇后一看事情不好，忙對朱元璋說：「那家人知道您今日來訪，故意把福字貼倒了，這不是『福到』的意思嗎？」皇帝一聽又轉怒為喜，取消了這次殺戮。從此，人們每年春節都將「福」字倒貼，一求吉利，二為紀念馬皇后。

不管是哪種傳說，都是百姓在春節時所圖的一個吉利口彩，表達了人們祈求幸福的美好心願。

延伸知識｜中國結的來歷

中國結作為一種民間手工編結裝飾品，深受人們的喜愛。中國結的特點是，每一個結從頭到尾用一根線編結而成，每個基本結又根據其形、意命名。它是從什麼時候產生的呢？

中國結始於上古先民的結繩記事。據《周易．繫辭》載：「上古結繩而治，後世聖人易之以書契。」東漢鄭玄在《周易注》中道：「結繩為約，事大，大其繩；事小，小其繩。」這是中國結早期的雛形。

古代先民很久以前就學會了打結，而且「結」也一直在中國人的生活中占有舉足輕重的地位。結之所以具有這樣的重要性，原因之一是因為它是一種非常實用的技術，同時，它也是一門可供欣賞的藝術。

早在舊石器時代末期，也就是北京周口店的山頂洞人文化的遺址中，考古學家發現有「骨針」的存在，證明當時簡單的結繩和縫紉技術應已具雛形。而在戰國銅器上所見的數位記號上都還留有結繩的形狀，由這些歷史資料來看，繩結確實曾被用作輔助記憶的工具，也可說是文字的前身。

另外最早的衣服沒有今天的鈕扣、拉鏈等配件，所以若想把衣服繫牢，就只能借助將衣帶打結這個方法。古人有將玉佩等佩掛在身上的習慣，同心結、婦女裝飾、日常生活中的大小用品如轎子、窗簾、帳鈎、肩墜、笛簫、香袋、髮簪、項練、眼鏡袋、煙袋等，下方常編有美觀的裝飾結，這些結常有吉祥的寓意。

它作為一種裝飾藝術始於唐宋時期。到了明清時期，人們開始給結命名，為它賦予了豐富的內涵，例如，如意結代表吉祥如意；雙魚結代表吉慶有餘等，結藝在那時達到鼎盛。

現在中國結仍然在人們的生活中得到廣泛的應用，紅紅的中國結，不但象徵著喜慶如意，還濃縮了濃厚的中國傳統文化於其中。

025

本命年為什麼要戴紅？

「本命年」禁忌，在民間有著廣泛的影響，民間有在本命年掛紅辟邪躲災的傳統。中國人以十二屬相為一個周期，當第二次輪迴到本人屬相時，就認為是「本命年」，需要穿紅衣服、紅襪子、繫紅腰帶，認為這樣能逢凶化吉，能夠給人帶來好運。這種傳統習俗是怎麼形成的呢？

本命年的紅色講究應該是源於中國漢民族傳統文化對於紅色的崇拜。紅色辟邪、紅色吉祥，這種觀念早在原始社會就已經存在。而紅色是太陽的顏色，是血的顏色，是火的顏色。隨著時代的變遷，這種尚紅思想卻沒有變，新年貼紅對聯，漢族的舊式婚禮中新婚的紅嫁衣、紅蓋頭、紅蠟燭，新科的紅榜等等，不論何時何地，人們都要用紅色來增添喜慶。

漢民族把紅色視為喜慶、成功、忠勇和正義的象徵，尤其認為紅色有驅邪護身的作用。因此每逢到本命年，人們便早早地穿上紅色內衣，或繫上紅色腰帶，有的隨身佩帶的飾物也用紅絲繩繫掛，認為這樣才能趨吉避凶，消災免禍。這種傳統反映了人們對美好生活的嚮往與祈禱。

延伸知識｜本命年是怎麼來的？

本命年就是十二年一遇的農曆屬相所在的年分，俗稱屬相年。在傳統習俗中，本命年常常被認為是一個不吉利的年分，民間通常把「本命年」也叫做「檻兒年」，意思就是度過本命年如同邁進一道檻兒一樣。每到本命年時，漢族北方各地，不論大人小孩都要買紅腰帶繫上，俗稱「繫紅」，小孩還要穿紅背心、紅褲衩，認為這樣才能趨吉避凶、消災免禍。這種習俗到今天仍在各地流行，每逢春節，市場上到處有出售「吉祥帶」、「吉祥結」的紅黃綢帶，本命年的人們將之繫在腰間、手腕上，據說這樣便可消解災禍、化凶為吉。

「本命年」有著悠久的歷史傳統，可以追溯到西漢時期。這種傳統起源於中國的十二生肖和「崇紅」心理。在中國古代，人們是用甲乙丙丁子丑寅卯等天干地支的組合來記住所生的年分，為了便於記憶和推算，人們就採用鼠、牛等十二種動物來與十二地支相對應的方法，每年用其中的一種動物來作為這一年的屬相。而漢民族的本命年就是按照十二生肖屬相循環往復推出來的，它與十二生肖緊密相連。一個人出生的那年是農曆什麼年，那麼以後每到這一屬相年便是此人的本命年，由於十二生肖的循環往復，每過十二年，人們就要遇到自己的本命年。

古人的生活條件和醫療條件遠不如今人，所以平均壽命要短得多。這樣，人們每度過十二年，就認為已經是一個輪迴了，又是一個巨大的成就。再加上前面所提到的對紅色的崇拜心理，因此形成了對本命年的重視。

026

打敗仗為什麼叫「敗北」？它與北方有關係嗎？

兩軍打仗，輸了的一方被稱為「敗北」；運動場上比賽，負方也是「敗北」，是否失敗者都向北方逃走呢？還是只有向北方逃跑的才叫「敗北」呢？

其實這裡的「北」並不是指方向。因為打了敗仗逃跑時任何方向都是可能的，慌不擇路，哪裡還來得及找方向。但為什麼只有「敗北」一詞，而沒有「敗南」、「敗東」、「敗西」的說法呢？

這個「北」字很像兩個人背靠背之形，一個向左，一個向右，「北」字即古之「背」字，「背」字是後人為它加上肉字旁而成的。「北」即為背，「敗北」就是背敵而逃，逃的方向不管是東、是南、是西，都叫「敗北」。當兩軍相接時，是正面相向的，激戰之後，敗方撤退，轉身逃跑，就成了背向敵方，這就是「敗北」了。勝方朝著敗軍背後銜尾窮追，這就是「追奔逐北」，逐其背也。

因此，「敗北」一詞與北方其實是沒什麼關係的。

延伸知識　在中國「東西南北」除了方位之外，是怎麼表示尊卑關係的？

東西南北是用來指示方向的，但古人還賦予了其他的含義，在日常生活中隨處可見。

古代把南視為至尊，而把北象徵為失敗、臣服。宮殿和廟宇都面朝正南，帝王的座位都是座北朝南，當上皇帝稱「南面稱君」；打了敗仗、臣服他人稱「北面稱臣」。

除了南尊北卑之外，在東西方向上，古人還以東為首，以西為次。皇后和妃子們的住處分為東宮、西宮，而以東宮為大為正，西宮為次為從；供奉祖宗牌位的太廟，要建在皇宮的東側。現代話語中的「東家」、「房東」等也由此而來。比如正房的開間一般為三間，中間一間為祖堂，東側的次間往往住祖父母，西側的次間住父母，而且老房子正房左邊（東邊）的次間、稍間比右邊（西邊）的略大，這是受「左為上」傳統習俗影響的結果。舊時人們有尊左的習俗，我們常說的「左祖右廟」、「文左武右」、「男左女右」都是尊左的反映。

古代皇帝是至尊，他面南背北而座，其左側是東方。因此就在崇尚東方的同時，「左」也隨著高貴起來。三國時期的東吳占據江東，也稱江左。文左武右的儀制，男左女右的觀念等，都是尊左的反映，有些習俗甚至延續至今。所以說，簡單的幾個指示方位的名詞，承載了如此多的社會資訊之後，就變得複雜起來了。

027

經常在影視劇中看到縣太爺審案時拍驚堂木，除了縣太爺外，還有什麼人可以使用驚堂木？

在影視劇中經常可以看到，縣太爺在審理案件時，手裡拿一塊小木板擊桌案，三班衙役大呼「威武——」，氣勢嚇人，威嚴得不得了。這塊小木板通稱「驚堂木」。那麼，驚堂木是怎麼來的？除了縣太爺之外，別人還可以使用嗎？

據考證，歷史上開始使用驚堂木的朝代大約在春秋戰國時期，各級官府都可以在開庭時使用驚堂木。唐代之前，「驚堂木」並無圖案，只是為方便起見，將其頂面刻成弧形而已。唐太宗時期，開始有人為了美觀，在驚堂木上雕刻動物圖案，有龍、虎、獅等，不一而足。武則天時，朝廷把驚堂木圖案規定為龍形，取龍乃皇權之象徵。宋代為臥龍，張牙舞爪；元代刻三爪或四爪龍形；明代龍形略有變化，嘴凸頭大，頸粗身肥，刻有五爪，且頭上有角。到了清朝康熙年間，又將驚堂木上的龍形統一修改，使之嘴縮身瘦，看起來就像一條小蛇。

驚堂木是統治權威的象徵，其選料極為講究，多以紅木中的黃花梨、酸枝木、雞翅木、紫檀等高檔的木材製作，這些木材質地堅硬，紋理細膩，用以敲擊桌案時聲音響亮，其體積一般以手能握住為宜。

在古代，驚堂木並不限於法官使用，上迄皇帝下至藝人都有使用，身分不同，稱呼也不相同。皇帝使用的驚堂木稱作「龍膽」，亦稱「震山河」，意思是皇帝一拍四海皆聞，以顯示至高無上的權力；后妃使用的稱作「鳳翥」，也稱「鳳霞」；丞相使用的稱作「運籌」，亦稱「佐朝綱」，用以顯示身分；將帥使用的為「虎威」，還被稱為「驚虎膽」，用以震軍威；縣官使用的稱為「驚堂」或「驚堂木」；僧道使用的為「振垃」、「戒規」、「醒木」、「驅邪」、「含牌」，用以醒神；教書先生使用的稱為「醒誤」，亦稱「呼尺」，用以維持課堂紀律；當鋪使用的稱作「喚作」；藥鋪、醫生使用的稱作「慎沉」、「審慎」；客棧櫃房使用的叫做「鎮靜」；說書藝人使用的除了叫「醒木」外，還稱其為「過板石」、「拎兒」，或叫「止語」，開講前一拍，意在告訴聽眾注意，說書馬上開篇。

所以說，驚堂木這東西，並不是縣太爺的專利，很多人可以使用，但稱呼上則不盡相同了。

延伸知識｜古代說書人表演時依據的文字底本，為什麼叫做「話本」？

提起評書這門藝術，大家都非常熟悉，其實古代也有評書，當時叫「說話」。而「話本」最早是指宋代「說話」（說書）人的底本，也稱為「話文」或簡稱「話」。「說話」就是講故事，類似現代的說書。隨著宋代城市經濟的發展，城市居民的結構也發生了變化，不僅有眾多的官吏和士兵，還聚集著大量的商人和工匠，形成了一個新的市民階層。各種民間技藝都向城市匯合，以適應新的城市居民的文化需要。

北宋東京（開封）、南宋臨安等大城市裡，有著數十座稱為「瓦舍」或「瓦子」的綜合性遊藝場，每座「瓦舍」中，又有若干座「勾欄」（類似後代的戲院），分別上演雜劇、諸宮調和「說話」等各種技藝。南宋時，「說話」通常分為「小說」、說經、講史和合生四家。「小說」又稱「銀字兒」，專講短篇故事，題材非常廣泛，舉凡愛情、公案、神怪，以及歷史故事等，幾乎無所不包。而表演者一般需要一個底本，類似提綱之類的，這就是「話本」。

「話本」的作者幾乎都是無名氏，創作後又經不斷補充潤飾，多數經過文人加工。「話本」的語言以白話為主，融合部分文言，中間穿插一些古典詩詞。作為一種新的文學體裁，語言生動，富於表演力，作品的主角多為手工業者、婦女、市井商人等，為新興的市民階層所喜聞樂見，對後代的通俗文學和戲劇、曲藝等產生了很大的影響。

028

「禪讓」是指什麼？與和尚有關嗎？

「禪讓」是原始社會末期推選部落首領的制度，跟和尚是風馬牛不相及的兩件事。這個制度是遠古時期，在盛傳比較民主的堯、舜、禹做部落首領的時候。他們三個次第做部落首領的事情，為後世所津津樂道。

據傳堯當上部落聯盟的首領，老百姓非常擁護他，如愛「父母日月」一般。相傳堯年老的時候，他的兒子丹朱很粗野，好鬧事。有人推薦丹朱繼位，堯不同意。舉行部落聯盟議事會，各部落領袖都推舉舜為繼承人。堯便對舜進行了三年考核，認為他可以勝任，並把自己的兩個女兒娥皇、女英嫁給舜，將帝位禪讓給舜。

舜，號有虞氏，傳說是顓頊的七世孫，距黃帝九世，生於諸馮（今山東省境內）。舜接位後，親自耕田、打漁、製陶，深受大家愛戴。舜年老的時候，也仿照堯的樣子召開繼位人選會議，民主討論。大家推舉禹來做繼承人。經過治水考驗，禹在舜死後便成為首領。舜到晚年身體不好，依舊到南方各地去巡視，最後竟病死在蒼梧（今湖南境內）的途中。

禹死後，他的兒子啟以父傳子的方式繼承了王位，以後歷代相沿，禪讓制也就被廢除了。這種經過民主方式推選首領的方法，反映了中國原始社會末期的民主制度。

延伸知識 為什麼鯀治水失敗而大禹卻成功了？

大禹治水的故事千古流傳，他的父親鯀也曾治過水，不過卻失敗了，因而被處死。父子二人的結局為什麼相差這麼遠呢？

遠古時候，洪水泛濫，百姓深受其害。堯在位的時候，黃河流域發生了很大的水災，很難治理。堯召開部落聯盟會議，商量治水的問題。四方部落首領們都推薦鯀。堯就派鯀帶人去治水。鯀花了九年時間治水，沒有把洪水制服。因為他只懂得水來土掩，造堤築壩，結果洪水沖塌了堤壩，水災反而鬧得更凶了。

舜接替堯當部落聯盟首領以後，親自到治水的地方去考察。他發現鯀辦事不力，就把鯀殺了，又讓鯀的兒子禹去治水。

禹相傳生於西羌（今甘肅、寧夏、內蒙南部一帶），後隨父遷徙於崇（今河南登封附近）。禹新婚不久，為了治水，到處奔波，多次經過自己的家門，都沒有進去。禹改變了他父親的做法，用開渠排水、疏通河道的辦法，把洪水引到大海中去。他和老百姓一起勞動，戴著篛帽，拿著鍬子，帶頭挖土、挑土，累得磨光了小腿上的毛。經過十三年的努力，終於把洪水引到大海裡去，地面上又可以供人種莊稼了。

大禹因治水有功，被大家推舉為舜的助手。過了十七年，舜死後，他繼任部落聯盟首領。

鯀和禹治水的不同方法告訴我們，凡事用疏導的辦法是可以解決的，用堵的辦法，只能堵一時，不是長久之計。

029

古代處決犯人為什麼要「秋後問斬」？

古代處決犯人時一般都是「秋後問斬」，這有什麼說法嗎？為什麼不在其他的季節執行死刑呢？

古代執行死刑多在秋冬季節，這與古人的自然神權觀念有關，即順應天意。春夏是萬物生長的季節，而秋冬是樹木凋零的季節，象徵肅殺。人的行為包括政治活動都要順應天時，否則要受到天神的懲罰。因此執行死刑也是選在肅殺的季節裡，認為萬物都在這個季節面臨死亡，所以處死犯人也是順應天意。

到漢朝時，將死刑的執行以及重要的訴訟活動限制在秋季和冬季舉行，不僅僅是一種觀念，而且已經被人們普遍接受了。所以在影視劇或者小說中我們經常看到，對死刑犯人宣判之後，都加上一句：「秋後問斬。」

另外，除了春季與夏季禁止行刑之外，從漢代開始，就禁止在夏至和冬至時執行刑罰，尤其是冬至禁止行刑。當然，漢朝政府並沒有明確宣布禁止在夏至與冬至這兩天行刑，但夏至與冬至這兩天在中國人眼中具有極其重要的意義，因為在這兩天中，「陰」（冷、黑暗）與「陽」（熱、光明）互相轉化。為了避免對宇宙秩序的轉化形成某種干擾，在夏至與冬至的前後數天內，政府活動應暫時停止，而執行死刑的活動當然包括在其中了。

「秋後問斬」也不是一成不變的，特例會很多很多，因為不同朝代，對不同的犯人，由於不同的原因，隨時處死犯人的情況都會發生。

延伸知識｜中國古代執行死刑除了斬首之外，還有哪些方式？

中國古代在執行死刑時，除了常用的斬首之外，還有很多種刑罰，常見的有如下幾種：

一、絞刑。絞刑有好幾種，有的是吊死，有的是勒死，大多數是用繩索或類似的東西來阻止人的呼吸，讓其窒息而死。中國古代的絞刑，以勒死為多。按中國傳統，絞刑相對斬刑，不流血，能保持屍體完整，是一種優惠待遇。同樣是死刑，絞刑的處罰要輕一點。

二、毒藥。毒藥因為其隱蔽性，經常被用在暗殺或自殺的場合，如果用它來執行死刑，應該說比絞刑更體面也更人道些，在中國，一般都是皇帝賜死才使用。

三、溺刑。指把人拋進水裡淹死，一方面這麼做簡單易行，另一方面，許多民族都認為水能洗滌人的罪惡，所以這種刑罰在世界各地都有記載。

四、活埋。在中國古代，活埋的名稱是「坑」。活埋，就是把活人埋葬在土裡，使人窒息而死。

五、餓死。把人活活餓死，最早是在原始社會，人們把失去勞動能力的老人或無力撫養的小孩拋棄在野外。在中國古代，餓死往往也是一種「仁慈」，例如武則天的女婿薛紹家族參與了反對女皇的密謀，結果全家都被處以這種刑罰。被當作刑罰來實施的餓死常常使用在貴族身上，史書上多有記載。

六、鈍擊。任何一種有點分量的鈍器打擊都可能致死，例如皮鞭、棍棒、鐵錘、石頭，還有犯人自身的體重。中國古代一般把用鞭子、棍棒之類把人活活打死的刑法叫做「撲殺」，有時把人高高舉起後摔在地上摔死也叫「撲殺」。

七、肢解。肢解的俗稱就是大卸八塊。古代歐洲常有把犯人的頭和手腳剁下拿到各處去示眾，秦始皇曾把二十七個勸阻他囚禁太后的人砍斷四肢，扔在闕下。古代還有一種肢解方法是車裂，也叫五馬分屍。

八、凌遲。凌遲是遼開始正式寫進法律的。

030

「凌遲」是一種什麼樣的刑罰？

「凌遲」也稱「陵遲」，即民間所說的「千刀萬剮」。凌遲的本意並不是刑罰，而是指山陵的坡度是慢慢降低的，轉到執行死刑方面，則是指處死人時將人身上的肉一刀刀割去，使受刑人痛苦地慢慢死去。

凌遲最早出現在五代時期，正式定為刑名是在遼，在此之前，唐朝就屢有剮的記錄，《宋史》刑法志上說：凌遲是「先斷其肢體，乃絕其亢。」「亢」是指咽喉，這樣看來宋朝的凌遲是一種肢解刑，而不是臠割。此後，金、元、明、清都規定為法定刑，是最殘忍的一種死刑。這種刑法主要用於處罰那些「十惡」中的一些犯罪，如謀反、大逆等。但後來為了鎮壓農民反抗，對於不按時交納賦稅的也要處以凌遲，這在明太祖時期尤為突出。到了清朝乾隆時期，如果打罵父母或公婆、兒子殺父親、妻子殺丈夫，也是觸犯倫理道德的重罪，要處以凌遲。

凌遲的處刑方式很殘忍，一般記述是說將人身上的肉一塊塊割下來。而歷代行刑方法也有區別，一般是切八刀，先切頭面，然後是手足，再是胸腹，最後梟首。但實際上比八刀要多，清朝就有二十四刀、三十六刀、七十二刀和一百二十刀的分類。二十四刀是：一、二刀切雙眉，三、四刀切雙肩，五、六刀切雙乳，七、八刀切雙手和兩肘間，九、十刀切去兩肘和兩肩之間部分，十一、十二刀切去兩腿的肉，十三、十四刀切兩腿肚，十五刀刺心臟，十六刀切頭，十七、十八刀切雙手，十九、二十刀切兩腕，二十一、二十二刀切雙腳，二十三、二十四切兩腿。實際執行時，還有更多的，最多的是明朝作惡多端的太監劉瑾，他被剮了三天，共四千七百刀。

凌遲之刑一直延續到清末。戊戌變法後，朝廷被迫作出一些政策改變。光緒三十一年（一九〇五），下令將凌遲和梟首、戮屍等法「永遠刪除，俱改斬決」。從此，凌遲才被斬首代替了。

延伸知識——「宮刑」是什麼樣的刑罰？

《史記》的作者司馬遷遭受了「宮刑」，使這種刑罰千百年來被人們所牢牢記住。那麼宮刑到底是一種什麼樣的刑罰呢？

宮刑是古代非常嚴厲的一種刑罰。「宮」，即「丈夫割其勢，女子閉於宮」，就是閹割男子生殖器、破壞女子生殖機能的一種肉刑。宮刑又稱「蠶室」、「腐刑」、「陰刑」和「椓刑」，有它獨特的注解。

所謂「蠶室」，就是說，一般人在受宮刑以後，因創口極易感染中風，如果想要保住性命，就要留在像蠶室一般的密室中，在不見風與陽光的環境裡蹲上百日，創口才能癒合；又稱「腐刑」，則是因為對受害者來說，不但肉體痛苦，而且心靈受辱，從此像一株腐朽之木，有杆但不結實；又稱「陰刑」，是指對男子或女子的陰處施刑；稱為「椓刑」，見於《尚書·呂刑篇》，「椓」據《說文》釋是以棍擊伐之意，據史料記載，古代有椓竅之法，就是指用木棍敲擊女性下身，以破壞其生育機能。

宮刑在中國歷史上早已有之。在《尚書》中有幾處提到了五刑和宮刑，據說宮刑至少在夏禹以前就已出現。周朝時將受了宮刑的男子稱為「寺人」。「寺」字為「士」與「寸」二字構成，古文字中「士」是男性生殖器的象形字，「寸」像一隻手拿著一把小刀，「士」、「寸」合在一起就是用刀割去男性生殖器。男子受宮刑，一般理解是將陰莖連根割去，但據古籍記載，也有破壞陰囊與睾丸者。

宮刑最初的作用是為了懲罰男女之間不正當的性關係，後來對一些罪責比較大的犯人也使用宮刑。

031 中國古代有女將軍嗎？

提到中國歷史上的巾幗英雄，讀者首先會想到代父從軍的花木蘭，會想到戲劇中的楊門女將。其實中國歷史上正式被當朝皇帝冊封為女將軍的，只有秦良玉一位。

秦良玉，字貞素，明萬曆二年（一五七四）出生於四川忠州（今重慶市忠縣）鳴玉溪。秦良玉是一位苗族姑娘，從小受父親的影響，具有愛國情操。秦良玉是家中唯一的女孩，父親尤其鍾愛她，鼓勵她習武，以免在兵火戰亂中受欺凌。

萬曆二十七年（一五九九）播州（今貴州遵義）宣慰使楊應龍作亂。次年二月朝廷集結重兵，圍剿叛軍，馬千乘亦率五百精兵跟隨，秦良玉參加了這支軍隊。在平叛戰爭中，秦良玉初露鋒芒，取得了很突出的戰功。

萬曆四十一年（一六一三）馬千乘被太監邱乘雲誣陷，冤死雲陽獄中，朝廷因秦良玉屢立戰功，於是命令她代為石柱宣撫使。從此秦良玉開始了戎馬生涯，南征北戰，威名遠播。

明朝末年，秦良玉力保朝廷，在抗擊清兵入侵中屢立戰功，曾經收復永平、遵化等四城，解除了清兵對北京的威脅。崇禎皇帝派特使表彰她，並在平台召見了她，親自賦詩贈給她：「蜀錦征袍手剪成，桃花馬上請長纓。世間多少奇男子，誰肯沙場萬里行？」

在古代，有很多女英雄豪傑，她們或在抗擊外敵入侵時戰功彪著，或在反抗壓迫時建立奇勳，但都沒有正式的成為將軍，秦良玉是唯一一位經過冊封的巾幗不讓鬚眉的女將軍。

延伸知識｜古代皇宮中除了妃子、宮女之外，還有女官嗎？

古代皇宮中除了皇后、妃嬪外，後宮還有專門照顧皇帝、皇后日常生活以及從事後宮的管理等工作的女官和宮女。

最早有關女官的記載是《周禮．天官》，後宮中除了后與夫人外，其他九嬪以下既是王的嬪妾，也是執掌各方面的女官。這些女官各有分工，執掌不同的事務。另外，在宮內的服務機構中，在宦官的領導下，還有女酒、女漿、女醢、女篣、女醯、女鹽、女冪等，這些都是從事具體工作的宮中最低級的宮職人員。

北魏孝文帝時才將宮中女官與嬪妃等分開，各立系統。女官主管宮中具體事務，其職秩與外官相對。最高領導人內司，官比尚書令，女官因官職不同，各有品級。

隋文帝時，置六尚、六司、六典，以掌後宮掖廷事務。隋煬帝加以改制，後宮官職與外廷尚書省相類似，設六尚局管二十四司，各按品級設定官員，執掌後宮中的各種事務。

唐承隋制，也設六尚二十四司，職事和品位與隋基本相同。唐還設宮正和彤史以掌戒糾謫罰和記錄功過事宜。五代後唐也設女官，並都封為國夫人或郡夫人等。

明代洪武年間，後宮也有與唐制相同的女官制度，但永樂之後，宮職歸於宦者，所存只有尚宮四司而已。

這些女官雖有品位，但從根本上說仍只是皇帝的女婢。她們也只是在深宮之中另有小社會而已，不能從根本上改變自己的命運。

032

「皇帝」這一名稱是怎麼確定的？

皇帝在中國存在了兩千多年，對中國歷史的影響非常深遠。其實中國古代最早所稱的「皇帝」是對「三皇五帝」的統稱。「三皇」是指傳說中的三個古代帝王——天皇、地皇和人皇；「帝」原來指宇宙萬物至高無上的主宰者 天帝，戰國時期許多諸侯國相互混戰，各自稱帝，出現西帝、東帝、中帝、北帝等，使天上的「帝」來到人間，成為超越「王」的人間尊號。也有一種說法是將原始部落時期的黃帝、炎帝、蚩尤等稱為「帝」的。

歷史上把君主稱為「皇帝」是從秦始皇開始的。在此之前，中國的最高統治者稱「王」或單稱「皇」和「帝」，如周文王、周武王、「三皇」、「五帝」等。春秋戰國時期，周王室衰微，諸侯爭霸，一些國力強大的諸侯國的國君也自稱為王，如秦王、楚王、齊王、趙王、燕王等。西元前二二一年，秦王嬴政滅掉六國，統一天下。嬴政自認為這是亙古未有的功業，甚至連「三皇五帝」的功績也比不上他，如果不改變「王」的稱號，不足以顯示自己的豐功偉績，傳揚於後世，於是讓李斯等人研究一下怎麼才能改變自己的稱號，以顯示自己名垂青史的偉大業績。

李斯等人商議後報告秦王說，上古有天皇、地皇、泰皇，泰皇最貴，可改「王」為「泰皇」。秦王反復考慮，認為自己「德高三皇，功過五帝」，決定兼採「帝」號，稱為「皇帝」，以顯示自己的尊貴。就這樣，嬴政被稱為「秦始皇帝」，通稱「秦始皇」。「皇帝」這一名稱也被固定下來，一直使用了兩千多年。

一延伸知識一 皇帝的正妻稱「皇后」，這一名稱是怎麼確定的呢？

在中國古代宮廷裡，皇帝擁有後宮三千佳麗，在眾多妻妾中，皇帝的正妻稱為「皇后」，也簡稱為「后」；而尊稱皇帝的母親為「皇太后」；皇帝的祖母則尊為「太皇太后」。皇后母儀天下，同時替皇帝執掌後宮的事務。可是，為什麼稱皇帝之妻為「后」呢？

「后」原為君主之意。在《詩經》上載：「商之先后，受命不殆，在武丁孫子。」鄭玄就注釋為：「后，君也。」如大禹的兒子啟稱為「夏后氏」，還有傳說中射日的「后羿」也是一種尊稱。

在甲骨文裡，「后」字在左下方是一口字，右上方是一攏起的手，但自金文將字型做了一百八十度的轉動，攏起的手移到左上方，就成了今天通用的字型。《說文解字》上載：

「后，繼體君也，像人之形，施以告四方，發號者，君后也。」因為在上古氏族部落中，一般發號施令者為女性的權威，所以「后」的意思為有權威的女性長輩。在甲骨文的卜辭中，「后」還經常被用來代指氏族中的女性首領。所以，也因而引申為帝王的正妻等涵義。

在周朝以前，天子的妻皆稱為「妃」，周朝開始則稱為「后」。如《禮記．曲禮下》：「天子之妃曰后。」到了秦始皇統一六國之後，改天子為皇帝，並制定了皇帝的正妻為皇后的后妃制度。不過較完備的后妃制度和等級劃分直到漢朝才實際執行。《漢書》卷一記載：「尊王后曰皇后，太子曰皇太子。」還有《三國志．魏書．后妃傳》中有：「太祖建國，始命王后，其下五等：有夫人，有昭儀，有婕妤，有容華，有美人。」所以後世就將「后」作為皇帝正妻的專稱了。

033

唐玄宗為什麼又稱「唐明皇」？

唐玄宗李隆基是唐代的中興君主，睿宗的第三子。他的母親是昭成竇皇后（竇德妃）。李隆基與太平公主合謀發動政變，殺死韋皇后，擁其父李旦即位，李隆基被立為太子。延和元年（七一二），李隆基受禪即位，改年開元。

從西元七一二年至七五六年，李隆基在位四十四年。早年的時候比較勵精圖治，開元時期社會安定，政治清明，經濟空前繁榮，唐朝進入鼎盛時期，後人稱這一時期為「開元盛世」，以媲美唐太宗時的「貞觀之治」。

唐玄宗後期，貪圖享樂，再也沒有青年時期勵精圖治的雄心了，寵信並重用李林甫等奸臣，對國家軍政大事疏於查勘，終於導致「安史之亂」發生，唐朝開始衰落。

「安史之亂」爆發後，唐玄宗倉皇出逃四川，軍馬行至馬嵬驛時，將士們發生譁變，不肯繼續前行，將士們說楊國忠私通胡人，才造成安祿山的叛亂，要求玄宗殺掉楊國忠。在楊國忠被處死後，大家說楊國忠為貴妃堂兄，堂兄被處死，堂妹仍然會作亂朝廷，要求處死貴妃娘娘。玄宗無奈，最後貴妃亦被縊死。

玄宗逃到四川後，肅宗即位於靈武，玄宗被尊為太上皇。因諡號為「至道大聖大明孝皇帝」，所以也稱為「明皇」。

延伸知識｜楊貴妃為什麼又叫「太真」？

楊貴妃與西施、王昭君、貂蟬並稱為中國古代四大美女。在四個人中，又以楊貴妃的身世最具傳奇性。

楊貴妃閨名楊玉環，唐代蒲州永樂（今山西永濟）人。開元二十二年（七三三），唐玄宗的女兒咸宜公主在洛陽舉行婚禮，楊玉環也應邀參加。咸宜公主之胞弟壽王李瑁對楊玉環一見鍾情，唐玄宗在武惠妃的要求下當年就下詔冊立她為壽王妃。婚後，兩人感情很是恩愛。

唐玄宗看上楊玉環時，她已經和壽王李瑁結婚五年了。但玄宗皇帝要奪這個兒媳婦。為了掩人耳目，唐玄宗進行了很多欲蓋彌彰的工作，先是打著孝順的旗號，下詔令她出家做女道士，說是要為自己的母親竇太后薦福，並賜道號「太真」，讓楊玉環搬出壽王府，住太真宮。這樣做也是為避人耳目，方便他們偷情。這也是楊貴妃又稱「太真」的緣由。

五年之後，玄宗先是為壽王李瑁娶韋昭訓的女兒為妃，緊接著就迫不及待地將楊氏迎回宮裡，並正式冊封為貴妃。楊玉環從此才正式成了「楊貴妃」，也開始了她傳奇的經歷。

034

為什麼形容形勢危急時說「四面楚歌」？

「四面楚歌」比喻陷入四面受敵、孤立無援的境地。這個成語和秦末劉邦和項羽的「楚漢戰爭」有關。司馬遷《史記．項羽本紀》記載：「項王軍壁垓下，兵少食盡，漢軍及諸侯兵圍之數重。夜聞漢軍四面皆楚歌，項王乃大驚，曰：『漢皆已得楚乎？是何楚人之多也？』」

項羽和劉邦原來約定以鴻溝（今河南賈魯河東）東西邊作為界限，互不侵犯。後來劉邦聽從張良和陳平的建議，決定徹底消滅項羽的部隊，同時派遣韓信、彭越、劉賈等率軍，將正在向東開往彭城（今江蘇徐州）的項羽部隊趕進包圍圈，把項羽緊緊圍在垓下（今安徽靈璧縣東南）。

這時，項羽手下的兵士已經很少，糧食又沒有了。夜裡聽見四面圍住他的軍隊都唱起楚地的民歌，不禁非常吃驚地說：「劉邦已經得到了楚地了嗎？為什麼他的部隊裡面楚人這麼多呢？」說著，心裡已喪失了鬥志，便從床上爬起來，在營帳裡喝酒，自己寫了一首詩，詩曰：「力拔山兮氣蓋世，時不利兮騅不逝，騅不逝兮可奈何？虞兮虞兮奈若何！」並和他最寵愛的妃子虞姬一同唱歌。虞姬自刎於項羽的馬前，項羽帶了僅剩兵卒逃至烏江邊，最後自刎於江邊。

後來從這個故事裡，演化出用「四面楚歌」這個成語，形容因為某種原因而局勢不利，最終陷於孤立窘迫的境地。

延伸知識 為什麼「鴻門宴」不可輕赴？

提到「鴻門宴」，這是不可輕易去赴的宴會，其中暗藏著殊死鬥爭。

秦朝末年，劉邦與項羽各自攻打秦朝的部隊，劉邦的兵力比不上項羽，但卻先攻破了咸陽。項羽進入咸陽後，而劉邦則在霸上駐軍。劉邦的左司馬曹無傷派人在項羽面前說劉邦打算在關中稱王，項羽聽後非常憤怒，準備消滅劉邦的軍隊。

劉邦得知此事後，非常恐懼，決定第二天親自到項羽營中請罪，化解雙方矛盾。在鴻門宴上，表面上雖然很和氣，但卻暗藏殺機。項羽的謀士范增一直主張殺掉劉邦，在酒宴上，一再示意項羽發令，但項羽卻猶豫不決。范增於是派項莊去舞劍，想趁機殺掉劉邦。項伯為了保護劉邦，也拔劍起舞，掩護了劉邦。

在危急的關頭，劉邦部下樊噲帶劍擁盾闖入帳中。項羽見此人氣度不凡，於是賜酒肉，樊噲還乘機說了一通劉邦的好話，項羽無言以對。劉邦藉口上廁所，乘機悄悄地逃走了。當項羽想起要追殺劉邦時，已經來不及了。因為這次項羽的優柔寡斷，使劉邦逃脫，最後整頓軍隊，打敗項羽，成就了霸業。

在「鴻門宴」上，劉、項集團鬥智鬥勇，一場宴會，竟然是兩個集團事業的轉捩點。整個宴會過程三起三落，驚心動魄，極具傳奇色彩。從此，「鴻門宴」也成了暗藏殺機的代名詞。

035

為什麼用「兩袖清風」來比喻官員清正廉潔？

「兩袖清風」的意思是說兩袖中除了清風外，別無所有，比喻做官廉潔，也比喻窮得一無所有。這個成語的來歷，與明朝的民族英雄于謙有關。

明朝正統年間，宦官王振以權謀私，每逢朝會，各地官僚為了討好他，多獻以珠寶白銀。可是巡撫于謙每次進京奏事，總是不帶任何禮品。他的同僚勸他說：「你雖然不獻金寶、攀求權貴，也應該帶一些著名的土特產如線香、蘑菇、絹帕等物，送點人情呀！」于謙笑著舉起兩袖風趣地說：「帶有清風！」以示對那些阿諛奉承之貪官的嘲弄。並寫了一首《入京詩》：

絹帕蘑菇與線香，本資民用反為殃。
清風兩袖朝天去，免得閭閻話短長。

絹帕、蘑菇、線香都是他任職之地的特產。于謙在詩中說，這類東西，本是供人民享用的，只因官吏徵調搜刮，反而成了百姓的禍殃了。他在詩中表明自己的態度：我進京什麼也不帶，只有兩袖清風朝見天子。詩中的「閭閻」是里弄、胡同的意思，引申為民間、老百姓。

「兩袖清風」的成語從此便流傳下來。人們經常用「兩袖清風」一詞來比喻為官廉潔，後來也有用這個成語來形容一貧如洗的。

延伸知識—「要留清白在人間」的于謙為什麼受後人尊敬？

于謙字廷益，號節庵，生於浙江錢塘（今杭州）。永樂十九年（一四二一）進士，曾先後任江西巡按、兵部右侍郎兼巡撫河南、山西等職。

于謙為人正直，反對官員貪汙腐敗，所以被很多奸臣記恨在心。蒙古瓦剌經常侵擾大明邊境，于謙奏請嚴守邊備。瓦剌軍後來進攻大明，于謙與鄺埜等極力諫阻英宗朱祁鎮親征，遭拒絕後受命協助郕王朱祁鈺留守京師（今北京）。

「土木堡之戰」中，英宗被俘，明軍大敗而歸，瓦剌軍乘機進攻京師。于謙力主抗戰，反對遷都，同時發布命令調各地軍隊勤王。他的一系列舉措穩定了局勢，增強了軍隊的戰鬥力，並得到監國朱祁鈺（後為代宗）的支援，升任兵部尚書。于謙親自督戰，嚴飭軍紀，激勵將士，最終擊退了瓦剌軍，取得了京師保衛戰的勝利。

于謙乘勝整頓兵備，鎮守國內重要關隘，迫使瓦剌軍首領也先於景泰元年釋放了英宗。英宗復辟後，于謙遭誣陷被處死，終年六十歲。家人都被充軍邊疆。一直到成化初年，于謙才得以沉冤昭雪，萬曆中期改謚忠肅。

于謙剛正不阿，曾經寫《石灰吟》明志：「千捶萬鑿出深山，烈火焚燒若等閒。碎骨粉身渾不怕，要留清白在人間。」他直抒情懷，立志要做純潔清白的人。全詩處處以石灰自喻，詠石灰即是詠自己磊落的襟懷和崇高的人格。所以于謙的高尚品格一直受到後人的敬仰。

036

「吳帶當風」與「曹衣出水」是指什麼？與服裝有關嗎？

「吳帶當風」與「曹衣出水」是指中國古代兩位出色的畫家的畫所達到的高超境界。兩種評價語還都與衣服有些關係呢！

「吳帶當風」說的是吳道子。吳道子是唐代著名畫家，被後世尊稱為「畫聖」，被民間畫工尊為祖師。他是河南陽翟（今河南禹州）人，大約生於唐高宗朝（約六八五年左右），卒於唐肅宗朝（約七五八年左右）。吳道子活動的時代，正是唐代國勢強盛，經濟繁榮，文化藝術飛躍發展的時代。吳道子在這種環境的影響下，以傑出的天才，迅速成長起來。

吳道子吸收民間和外來畫風，確立了新的民族風格，即世人所稱的「吳家樣」。就人物畫來說，「吳裝」畫體以新的民族風格，照耀於畫壇之上。他曾在長安、洛陽寺觀中作佛教壁畫四百餘堵，情狀各不相同；落筆或自臂起，或從足先，都能不失尺度。寫佛像圓光，屋宇柱梁或彎弓挺刃，不用圓規矩尺，一筆揮就。他用狀如蘭葉，或狀如蓴菜的筆法來表現衣褶，有飄動之勢，人稱「吳帶當風」。

「曹衣出水」又稱「曹家樣」，是由曹仲達創造的中國古代人物衣服褶紋畫法之一。曹仲達，中國南北朝北齊畫家。生卒年不詳。來自中亞曹國（今烏茲別克撒馬爾罕一帶），曾任朝散大夫。擅畫人物、肖像、佛教圖像，尤精於外國佛像。

曹仲達繼承了中原魏晉以來的漢族文化傳統，掌握了繡羅人物的技巧，即一種工筆重彩所應用的粗細一致、細勁有力的線條，來畫菩薩與佛像的衣飾，又帶著明顯的外來文化的色彩。我們可從北朝的石窟造像中看到「曹家樣」畫法的某些特點：一種寬袍大袖的服飾，「其勢稠疊，衣服緊窄」，給人以薄衣貼體的美感，所以有「曹衣出水」之譽。

延伸知識——「國畫」是指什麼畫？它是如何發展的？

中國畫在古代一般稱之為「丹青」，主要指的是畫在絹、宣紙、帛上並加以裝裱的卷軸畫。近現代以來為區別於西方輸入的油畫（又稱西洋畫）等外國繪畫而稱之為「中國畫」，簡稱「國畫」。它是用中國所獨有的毛筆、水墨和顏料，依照長期的表現形式及藝術法則而創作出的繪畫。

中國畫歷史悠久，遠在兩千多年前的戰國時期就出現了畫在絲織品上的繪畫——帛畫，這之前又有原始岩畫和彩陶畫。這些早期繪畫奠定了後世中國畫以線為主要造型手段的基礎。

兩漢和魏晉南北朝時期，社會由穩定統一到分裂的急劇變化，外來文化的進入使中國傳統藝術發生改變，繪畫形成以宗教繪畫為主的局面，描繪本土歷史人物、取材文學作品亦占一定比例，山水畫、花鳥畫亦在此時萌芽，為後世國畫的發展奠定了很好的基礎。

隋唐時期社會經濟、文化高度繁榮，繪畫也隨之呈現出全面繁榮的局面。山水畫、花鳥畫已發展成熟，宗教畫達到了頂峰；人物畫以表現貴族生活為主，並出現了具有時代特徵的人物造型。

五代兩宋又進一步成熟和更加繁榮，人物畫已轉入描繪世俗生活，宗教畫漸趨衰退，山水畫、花鳥畫躍居畫壇主流。而文人畫的出現及其在後世的發展，大大豐富了中國畫的創作觀念和表現方法。

元、明、清三代水墨山水和寫意花鳥得到突出發展，文人畫成為中國畫的主流，但其末流則走向因襲模仿，距離時代和生活愈去愈遠。

037

「丞相」、「宰相」是一個官嗎？

「丞相」、「宰相」都是中國古代的官名，大家耳熟能詳。其實這兩個官職有時是相同的，有時又並不一致。

丞相制度起源於戰國時期。秦國從武王開始，設左、右丞相，但有時也設相邦，魏冉、呂不韋等都擔任過這一職務。秦統一後只設左、右丞相。西漢初蕭何曾任丞相，後遷為相國，後來曹參繼任。惠帝、呂后到文帝初年，仍然設左、右丞相職位，以後只設一丞相。漢初各王國擬制中央，也在其封國中各設丞相，景帝中元五年（西元前一四五年）改稱為相。

丞相是封建官僚機構中的最高官職，是秉承君主旨意綜理全國政務的人。有時稱相國，簡稱「相」。如《陳涉世家》：「王侯將相寧有種乎？」杜甫詩《蜀相》：「丞相祠堂何處尋，錦官城外柏森森。」這些都是對丞相的指稱。

「宰相」是中國歷史上一個泛指的職官稱號。宰相是國君之下輔助國君處理政務的最高官職。夏商是巫史，西周春秋是公卿，戰國以後是宰相。「宰」是主宰，「相」是輔助的意思。商朝時為管理家務和奴隸之官，周朝有執掌國政的太宰，也有掌貴族家務的家宰、掌管一邑的邑宰，實已為官的通稱。宰相聯稱，始見於《韓非子．顯學》，但只有遼代以「宰相」為正式官名，其他各朝代所指官名與職權範圍則各不相同，而且名目繁多，通常和「丞相」一詞通用。

延伸知識｜知府、知州誰的官職大？

在影視劇中經常聽到「知府」、「知州」這樣的官名，那麼這兩個官是一樣的嗎？

「知府」即「太守」，州郡最高行政長官。唐朝時以建都之地為府，以府尹為行政長官。宋升大郡為府，以朝臣充各府長官，稱「以某官知（主管）某府事」簡稱「知府」。明以知府為正式官名，為府的行政長官，管轄所屬州縣。清沿明制不改。知府又尊稱太守、太尊、府尊，亦稱黃堂。

「知州」一詞最早出現在宋代，宋太祖為了削弱節度使的權力，防止唐五代時期武人割據的局面重演，規定諸州刺史得直接向朝廷奏報和接受詔令，節度使不得干預除所駐州之外（所謂支郡）的政務。後來，逐步派遣京朝官（文臣）接替刺史管理州務，稱「權知某某州軍事」。「權」表示不是正式職務，只是代理；「知」就是管理的意思；「州軍事」的「州」代表民政，「軍」代表軍政。簡稱「知州」。

元朝沿用宋朝制度，州的長官正式稱為「知州」，但是路、府、州均置達魯花赤，專由蒙古人、色目人充之，地位在知州上。

明以知州為一州之長，轄縣；清有直隸州、散州之別，前者直隸於省，可以轄縣，後者隸屬於府、道，不轄縣，長官均稱知州。

038

伯夷、叔齊為什麼會餓死？又為什麼會被人尊敬？

說到伯夷和叔齊兩個人，這是中國歷史上比較獨特的例子。因為餓死了，反而受到後世的景仰與尊敬，被人推崇備至。這是什麼原因呢？這要從二人的經歷談起。

大約三千年前，在今秦皇島一帶有一個孤竹國。到了商朝後期，孤竹國的國君墨胎氏生了三個兒子，長子名允字公信，即伯夷。幼子名智字公達，即叔齊。孤竹君生前有意立叔齊為嗣子，繼承國君的位置。

後來孤竹國君死了，按照當時的常禮，長子應該即位。但伯夷卻認為應該尊重父親的遺願，立叔齊來做國君。於是他就放棄君位，逃到孤竹國外。大家又推舉叔齊做國君。叔齊認為這樣的話於兄弟不義，於禮制不合，也逃到孤竹國外，和他的長兄一起過流亡生活。在這兩個繼承人都放棄的情況下，人們只好立了中子繼承了君位。

商紂王統治暴虐，伯夷、叔齊聽說西伯的國內很安定，就決定到周國去。但是還沒到達那裡，就遇見了周武王伐紂的大軍，原來這時周文王已經死去，周武王用車拉著周文王的棺木奔襲商紂。他們二人於是晉見武王說：「父死不埋葬，就動起武來，這能算作孝嗎？以臣子身分來討伐君主，這能算作仁嗎？」武王很是生氣，要處罰他們，軍師姜尚勸解說：「這是講義氣的人呀，不要殺害他們。」就放他們走了。

後來周武王滅掉了商朝，建立了新的王朝周朝。伯夷、叔齊認為這種做法太可恥了，發誓再不吃周朝的糧食。但是當時各地都屬於周朝了。他們就相攜著到首陽山上採薇菜吃，後來竟然餓死在首陽山之上。

伯夷、叔齊的讓國和不食周粟的做法，得到了儒家的大力推崇，認為他們二人能夠重視道德修養，不被塵世的功名所誘惑，具有崇高的人格，所以被奉為道德楷模。這就是二人受後世尊敬的原因。

延伸知識 鄭成功為什麼又稱「國姓爺」？

鄭成功是中國歷史上著名的民族英雄，曾有「國姓爺」的稱謂，這是怎麼來的呢？

鄭成功是福建省南安市石井鎮人，祖籍河南省固始縣汪棚鄉鄧大廟村。本名森，又名福松，字明儼，號大木。鄭成功的父親是明朝的將領鄭芝龍。鄭成功自幼習文練武，才智雙全。他在二十二歲時任南明隆武帝御營中軍都督，隆武帝賜姓朱，並封忠孝伯，這也就是他俗稱「國姓爺」的由來。清順治三年（南明隆武二年，一六四六），清軍攻克福建，隆武帝遇害，鄭芝龍投降清兵。清軍在這時掠劫鄭家，鄭成功的母親田川氏受辱於清兵，憤而自殺。

隆武二年（一六四七）十二月，鄭成功在烈嶼（小金門）起兵，旗幟上的稱號是「忠孝伯招討大將軍罪臣朱成功」。永曆三年（一六四九）改奉南明永曆年號，永曆帝封他為延平郡王，因此也有把他稱作鄭延平的。一六五一年到一六五二年在閩南小盈嶺、海澄（今龍海）等地取得三次重大勝利，殲滅駐閩清軍主力。後揮師北取浙江舟山，南破廣東揭陽。

在起義後的十六年間，鄭成功據地在現今小金門和廈門（當時為一小島，並沒有和大陸連在一起）一帶的小島，完全控制了海權，以和外國人做生意收集資金，籌備軍力，並且深入內陸廣設商業據點，收集許多有關清軍與朝廷的情報，一直堅持抗清，也和清朝廷議和以爭取時間恢復兵力。

康熙元年（一六六二），鄭成功率將士數萬人，自廈門出發，於台灣登陸，趕走了荷蘭侵略者，收復了台灣，因此被譽為民族英雄。

039

在古代社會，「女色禍國」的觀念曾廣為流傳，那麼商朝是因為妲己滅亡的嗎？

在民間傳說中，妲己是一個狐狸精，商朝就是因為她滅亡的。歷史上妲己是什麼樣的人呢？真的是「女色禍國」嗎？

妲己是中國商朝最後一位君主商紂王的寵妃。根據《史記》的記載，妲己是有蘇氏諸侯之女，是一個絕色美人，在商紂王征伐有蘇部落時，被好酒貪色的紂王擄入宮中，尊為貴妃，極盡荒淫之能事。紂王被周武王打敗，最後逃到鹿台自焚，妲己也自縊而死。

《封神榜》上說妲己是千年狐狸精，被女媧娘娘派遣到凡間，任務是蠱惑紂王，使商朝滅亡。當周人滅商後，在殺妲己時，連劊子手都被其美色迷住，不忍下手，願替其死。還有許多稗官野史，將妲己說成是蛇蠍美人，千古淫惡的罪魁禍首，簡直是十惡不赦的罪人。

其實商紂的滅亡是歷史發展的必然趨勢，絕不是一個弱女子引起的。在春秋時期，關於紂王的罪狀還只限於「比干諫而死」。到了戰國，比干的死法就生動起來，屈原說他是被投水淹死，呂不韋的門客則說他是被剖心而死。到了漢朝司馬遷寫《史記》的時候，已經有了更生動的演繹，說是紂王剖開他的心是為了滿足妲己的好奇心，想看看「聖人」的心是不是有七竅。而到了晉朝，皇甫謐因為職業是醫生的緣故，寫些文史文章的時候，又演繹出紂王在妲己的慫恿下解剖了懷孕的婦女，要看看胎兒形狀。

後世小說家們根據個人好惡，紛紛加工演繹，以訛傳訛，逐漸遠離了歷史真相。妲己的形象也由於後世小說家的添油加醋而愈發可惡起來。從《尚書》裡討伐紂王的一句「聽信婦言」開始，到《國語》裡的「妲己有寵，於是乎與膠鬲比而亡殷」，再到《呂氏春秋》裡的「商王大亂，沉於酒德，妲己為政，賞罰無方」，都還是不太離譜的合理推斷。再到後來，被民間小說家的演繹，形象越來越惡化，直到後世的《封神演義》達到了頂峰，把「女色禍國」的罪名加在了妲己頭上，簡直是成了歷史的冤案。

延伸知識 為什麼褒姒沒有父親？周王朝的滅亡與她有關嗎？

褒姒是中國歷史上有名的美人，是周幽王的寵妃，因為周幽王「烽火戲諸侯」為博一笑而為後人所論道。關於褒姒的身世經歷頗具傳奇色彩，從她的出生就有很多傳說，直至周王朝的衰亡，也與她有關聯。

據《國語》和《史記》記載，在夏朝末年，有兩條龍在夏王的庭前交尾，據說這兩條龍是褒人的先君變化的。夏王對這種神異的現象感到非常害怕，就通過占卜決定是把龍殺掉還是趕走，或者制止它們的行為。占卜的貞人說這幾種做法都不妥。於是夏王問，能不能把龍漦（龍的精氣）收藏起來呢？占卜後得到結果是「可以」。

兩條龍消失後，留下了比較黏稠的龍漦。夏王命人把這些東西收藏在櫝匣裡保存起來，一直傳到周厲王時期。周厲王因為好奇打開觀看，不小心把龍漦灑流於王庭上。灑出的龍漦無法清除，周厲王只好用巫術迫使龍精化為玄黿。玄黿撞到了後宮一個幾歲的小姑娘身上。周宣王年間，這個小姑娘在「及笄」之年竟「無夫」而孕，生下一個女孩，她就是後來的褒姒。

幽王即位時，褒姒已經成長為一個絕色美女。有一天被幽王的手下發現，把她進獻給了幽王。幽王非常寵幸褒姒，經常與她在後宮享樂，不理朝政。王后申后非常嫉妒，就派兒子宜臼殺了褒姒的生母和養父。幽王大怒，就廢了申后，立褒姒為后。

褒姒因為生母養父被殺，心懷仇恨，所以終日緊鎖愁眉，入宮十年沒笑過。幽王於是發出號令，誰能讓美人褒姒一笑者，賞千金。謀臣虢虎獻計說，請幽王下令將烽火台點燃，諸侯會以為戰事發生，前來救援。然後命諸侯回去，必然使軍隊混亂，美人就會覺得好笑。幽王採納了這個荒唐的建議。諸侯見了烽煙四起，急忙率兵來勤王，結果卻是白跑一趟，都非常生氣，但幽王的這一舉動卻換來了褒姒冷冷的一笑。

後來外族入侵周王朝，幽王慌忙下令點燃烽火台，諸侯因上次受了戲弄，誰都不來勤王了。城被攻破，幽王被殺，褒姒被擒後自殺而死，周朝自此滅亡了。

040

傳國玉璽上刻的是什麼字？為什麼缺了一個角？

傳國玉璽是古代皇帝登基的必備之物，只有擁有了玉璽，身登九五才名正言順。那麼這國寶上刻的是什麼呢？據說還缺損一個角，是什麼原因呢？

從秦代以後，皇帝的印章專用名稱為「璽」，因為用玉製成，所以稱為「玉璽」，共有六方：為「皇帝之璽」、「皇帝行璽」、「皇帝信璽」、「天子之璽」、「天子行璽」、「天子信璽」。在皇帝的印璽中，有一方玉璽不在這六方之內，這就是「傳國玉璽」。「傳國玉璽」又稱「傳國璽」，是奉秦始皇之命用和氏璧雕刻而成，極其珍貴，作為秦以後歷代帝王相傳之印璽。

「傳國玉璽」方圓四寸，上紐交五龍，正面刻有李斯所書「受命於天，既壽永昌」八個篆字，作為「皇權神授、正統合法」的標誌。後世帝王都把「傳國玉璽」當作是掌控天下的寶物，它的得失都關係到國家的存亡。凡登基大位而沒有「傳國玉璽」的，則被譏為「白版皇帝」，為世人所蔑視甚至遭到反抗。

西漢末年，王莽篡位，當時的皇帝劉嬰僅兩歲，「傳國玉璽」由王莽的姑母漢孝元太后代管。王莽命大臣王舜向孝元太后索取「傳國玉璽」，孝元太后雖然是王家人，但卻忠心於漢朝，被逼不過，一怒之下將此鎮國之寶擲於地上，據說摔壞了璽紐的一角，後來王莽用黃金鑲補，還是留下了缺痕。

東漢光武帝劉秀打敗王莽，奪回傳國玉璽。唐朝末年，石敬瑭引契丹軍進攻洛陽，唐末帝李從珂抱著傳國玉璽，在玄武樓上自焚，玉璽就此下落不明。時至今日，傳國玉璽仍未找到，遂成千古遺憾。

延伸知識——中國印章的發展

印章，又被稱作「圖章」，古稱「璽」。印章的出現和使用，一般認為始於春秋戰國之間。先秦及秦漢的印章多是用來封發簡牘使用的。古代用簡牘寫好信，用泥封好結繩的地方，再把印蓋在封泥之上，防止他人隨意拆開，也是收信人驗信時查看的憑據。而官印又是行使權力的象徵。隨著簡牘被紙帛所取代，封泥的作用也就沒有了。

秦始皇統一中國後，印章範圍擴大為證明當權者權益的法物，為當權者掌握，作為權力或者官職的標識。秦以前，無論官、私印都稱「璽」，秦統一六國後，規定皇帝的印獨稱「璽」，臣民只稱「印」。到漢代，官印中始有「章」及「印章」之稱。漢代也有諸侯王、王太后的印章稱為「璽」的。唐以後，皇帝所用的印章稱「寶」，因為武則天覺得「璽」與「死」近音（也有說法是與「息」同音），於是稱為「寶」。唐至清沿舊制而「璽」、「寶」

並用。印章根據習慣在民間還稱為「印信」、「記」、「朱記」、「合同」、「關防」、「圖章」、「符」、「契」、「押」、「戳子」等等。

印章用朱色鈐蓋，除日常應用外，又多用於書畫題識，逐漸發展為中國特有的藝術品。古代多用銅、銀、金、玉、琉璃等為印材，後有牙、角、木、水晶等，元代以後盛行石章。

傳世的古代璽印，多數出於古城廢墟、河流和古墓中。有的是戰爭中戰敗者流亡時所遺棄，也有的是戰爭中殉職者遺棄在戰場上的，而當時的慣例，凡在戰場上虜獲的印章必須上交，官吏遷職、死後也須把印綬上交。其他在戰國時代的陶器和標準量器上，以及有些諸侯國的金幣上，都用印章蓋上名稱和記錄上製造工匠的名姓或圖記性質的符號，也被流傳下來。

經過數千年的發展，在當代，印章仍有巨大的實用性與藝術性，不論是書畫、雕刻等藝術創造，還是機關、企業單位、個人，都與印章有著密不可分的聯繫。

041

「祖宗」的具體含義是什麼？

每個人都有「祖宗」，這是千古不移的至理。中國人尤其注重「祖宗」的觀念，那麼這個詞的具體含義是什麼呢？

漢孝文皇帝以前，中國是沒有「祖宗」這一說法的，稱呼多是「先人」，「先」就是「前」，指的是生育自己的前人。但自漢孝文皇帝以後，「先人」這一說法逐漸被「祖宗」代替，它的含義也逐漸擴大。

漢許慎的《說文解字》中，祖的來源是「廟」。「廟」的最初意思是朝廷，後來就成了供奉死去皇帝的地方，再後來才是神靈。司馬遷的《史記》卷十裡載「世功莫大於高皇帝，德莫盛於孝文皇帝。高皇廟宜為帝者太祖之廟，孝文皇帝廟宜為帝者太宗之廟。」《禮記．祭法》：「有虞氏禘黃帝而郊嚳，祖顓頊而宗堯。」後世經學家認為，「祖」就是「始」的意思，是指道德的初始；「宗」是「尊」的意思，是指道德隆盛，因此說來，「祖」就是世功，「宗」就是德盛，「祖宗」的意思就不能簡單的理解為先人，而是世功最大、盛德最廣的先人。

後來「祖宗」一詞就不專屬皇家所用了，普通百姓也把自己的先人稱作「祖宗」，並且建立祠堂，進行祭祀活動。

延伸知識——「封建」的本義是什麼？

大家常提及「封建」這個詞，而這個詞最初是指一種社會制度。「封建」一詞出現得很早，《詩・商頌・殷武》：「命於下國，封建厥福。」毛傳：「封，大也。」古代中國的中原王朝，所封之地稱為「諸侯國」、「封國」或「王國」，統治諸侯（王國）的君主被稱為「諸侯王」、「君」或「國君」，也有使用「國王」稱謂的。「封建」一詞，簡單言之，是指王者以爵土分封諸侯，而使之建國於封建的區域。這是上古時代戰勝的部族對於戰敗的土地和人口施行的一種統治方式。從這裡可以看出，所謂封建，從有部族戰爭以來就有這樣的社會組織形式。

封建制正式起源於西周。西周立國，周王室直接掌握的也就是以京畿為中心的那一小塊土地。大量的疆土只是在名義上屬於周王朝，很多還在各個小邦國乃至土著手中。周天子為了實行有效的管理，採取了「封建制」，即「封土建國」，天子把自己直接管轄王畿以外的土地，分封於諸侯，並授予他們爵位，讓他們建立封國，保衛中央。周武王、周公旦進行了兩次大規模的分封。把王室宗親和一些有聯姻紐帶的心腹大臣分封到各處，讓他們帶著自己的手下，前往分封的那塊土地，建立城市，開墾土地，並用武力保護自己的成果。他們在這塊土地上的臣民和經濟收益，都屬於這個諸侯，但是每年要向周王室朝貢，周王室有事，也要出兵護衛。

042 中國古代有經紀人嗎？

當今社會的「經紀人」指在經濟活動中，為促成他人商品交易，在訂立合同時充當訂約居間人，為委託方提供訂立合同的資訊、機會、條件，或者在匿名交易中代表委託方與合同方簽定合同的經紀行為而獲取佣金的經紀組織和個人。

中國是一個歷史悠久的古國，在兩千多年前就出現了經紀活動。在西漢，稱經紀人為「駒儈」；唐代，稱經紀人為「牙人」、「牙郎」；到了宋、元時期，出現了外貿經紀人，宋代稱「牙儈」，元代稱「舶牙」；明清時期，經紀人稱「牙人」，明代還把牙人分為官牙和私牙，同時還出現了牙行，即細指代客商撮合買賣的店鋪。清代，在對外貿易中，經紀人被稱為「外洋行」。清代後期還出現了專門的對外貿易的經紀人「買辦」。到了民國時期，隨著經營股票和債券買賣的出現，在中國歷史上第一次出現了債券經紀人。所以說，「經紀人」在中國已經有很悠久的歷史了。

延伸知識①——「經濟」在古代是指什麼呢？

「經濟」現在指商業活動，但是在古代並不是這樣的意思。西元四世紀初東晉時已正式使用「經濟」一詞。「經濟」在中華傳統文化中的本來意思是「經世濟民」、「經國濟物」，也就是治國平天下之意。現在「經濟」指商業活動的意思源自日譯西文。西方經濟學十九世紀晚期傳入中國，最初，「economics」被直接譯為「富國策」、「生計」、「理財學」等詞。首先用漢字「經濟學」翻譯「economics」的是日本人，後來中國人把這個西文日譯的詞「譯」回中國，成為了現在通用「經濟」的含義。

延伸知識②——「經理」在古代是什麼意思呢？

現在把「經理」一詞作為企業領導人的代稱，其實在古代並不是這樣的。一般「經理」有如下幾種含義：

一、常理。《荀子・正名》：「道也者，治之經理也。」就是說，「道」是達到治世的常理。這裡的「經」同「緯」相對應，用來修飾「理」的。

二、經書的義理。《後漢書・光武帝紀下》：「每旦視朝，日仄乃罷。數引公卿、郎、將講論經理，夜分乃寐。」古代將聖人先賢的「經」作為治世法典，對其義理的理解極其重要。所以把經書的義理簡稱「經理」。

三、治理。《史記·秦始皇本紀》：「皇帝明德，經理宇內，視聽不怠。」清孔尚任《桃花扇·撫兵》：「只有俺恩帥侯公，智勇雙全，盡能經理中原。」這裡把對國家的治理稱為「經理」，已經將其由名詞改為動詞用了。

四、照料。宋蘇轍《歐陽文忠公神道碑》：「公篤於朋友，不以貴賤生死易意。尹師魯、石守道、孫明復、梅聖俞既沒，皆經理其家，或言之朝廷，官其子弟。」是指照顧家裡的意思。

五、經營管理、處理。宋朱熹《答高國楹書》：「若經理世務，商略古今，竊恐今日力量未易遽及。」這與現在「經理」的含義有些接近了，已經開始有經營管理的含義了。

及至近代，「經理」一詞逐漸轉變為打理企業、經營管理單位事務之意，也就順理成章地指代企業領導人了。

043

秦漢時婚裝以黑色為主，為什麼當代卻以紅色為主呢？

中國人現在結婚的大喜日子，服飾、裝飾等等方面都要紅彤彤的，以追求一個喜慶氣氛。但是在秦漢時期，婚裝卻是以黑色為主。為什麼會發生這樣的變化呢？

中國的衣冠服飾制度，大約是在夏商時期就已經開始形成了，到了周代漸趨完善，並被納入「禮治」範圍。當時的服飾依據穿著者的身分、地位各有分別。天子后妃、公卿百官的衣冠服制、等級制度日益嚴格。

商周時期，服飾形式主要採用上衣下裳制，衣用正色，即青、赤、黃、白、黑等五種原色；裳用間色，即以正色相調配而成的混合色。春秋戰國之期，出現一種名為「深衣」的新型服飾，它是一種連體服飾。深衣的出現，改變了過去單一的服飾樣式，故此深受人們的喜愛，不僅用作常服、禮服，且被用作祭服。

漢代服裝比較重視色彩，玄黑與纁紅是漢服中最隆重端莊的搭配。玄，黑中揚赤，象徵天的顏色；

纁，黃裡並赤，其意表徵大地。漢代人認為把天地的顏色穿在身上，是最吉祥的象徵。先秦直到兩漢，婚禮都稱作「昏禮」，一般都在黃昏舉行，婚禮禮服也是以玄色為主，纁色輔之，新人認為這樣的顏色最能表達喜慶莊重的婚禮氣氛。

幾千年來，中華民族一直崇尚紅色，認為紅色是吉祥、幸福、成功、忠誠、興旺發達的象徵。對紅色的喜愛即是對日神的崇拜，中國文化的紅色源於太陽，因為烈日如火，其色赤紅。先民在祭祀、巫舞的過程中，對紅色一直是極其重視的。另外由於對火的崇敬，原始祖先們對於火除了有一種恐懼和敬畏感外，同樣懷有依賴與崇拜的感情。同時也出於對血的敬畏。血也是紅的，既給人恐懼感，又在原始人心目中，有著神聖而不可褻瀆的地方。所以，隨著時代的發展，紅色在吉祥、喜慶方面的地位逐漸上升，成了主導的顏色，一直延續到當代。

延伸知識——「黃色」原本是古代皇家專用的顏色，為什麼現代卻成了「色情」的代名詞？

黃色在中國古代是皇家專用的顏色，表示尊貴，平民百姓不得隨便使用。黃色也是中華民族文化和中華文明的象徵，同時它也是中華民族的主色調。直至現在，它和紅色都是中國的主色調。在中國的五行學說中，黃色是土的象徵。黃色是黃金的顏色，因此也有財富的含義。

我們今天經常用「黃色」來指稱帶有明顯色情意味的東西，這中間的變化轉換，主要是受了西方的影響。在基督教中，由於黃色是猶大衣服的顏色，故在歐美國家被視為庸俗低劣的最下等色。流傳到我國也是，「黃色刊物」、「黃色事業」中「黃色」指代色情。這可能與黃色的敏感程度有關。英語中黃色和妒忌、懦怯和敗壞有關聯。美國俚語稱呼膽小鬼為「yellowbelly」；恣意煽情的傳媒為「yellow journalism」。一八九四年，英國創辦了一家雜誌，名字就叫《黃雜誌》，一批有世紀末文藝傾向的小說家、詩人、散文家、畫家等，圍繞該雜誌形成一個被稱為「頹廢派」的文藝集團。他們的作品，有時帶有一點色情意味，但不能算淫穢。然而第二年四月三日，當時極負盛名的英國劇作家王爾德（O.Wilde），因同性戀的罪名遭到逮捕。當時報紙上說，王爾德在被捕時腋下還夾了一本《黃雜誌》，於是人們想當然地認為這雜誌和王爾德同樣是不名譽的，第二天就有人到《黃雜誌》的出版商門前示威，用石頭將櫥窗玻璃砸得粉碎。其實王爾德被捕那天，腋下夾的書是法國作家比爾·路易的小說《愛神》，碰巧這本小說和當時法國的許多廉價小說一樣，封面也是黃色的。這種小說稱為「yellow book」，也被認為是不登大雅之堂的。《黃雜誌》也好，「yellow book」也好，都使得「黃色」與性、色情、惡俗等等概念產生了聯繫。另外當時紐約的《世界報》和《日報》，為了發行量而展開瘋狂競爭。一八九五年礦業巨頭之子W.R赫斯特買下了《世界報》的對手《日報》，他所採用的手段更是變本加厲，甚至把專為《星期日世界報》極受讀者歡迎的連環漫畫《黃色小子》的畫家也挖了過來。當時兩報廣泛採用通欄大字標題、彩色連環畫、大量圖片等等手法，竭力迎合讀者。這段時期被稱為「黃色新聞」時期。

西方的「黃色」都被認為是低級的東西，現在在漢語中也引進了這層意思，因此「黃色」也就包含了色情的含義。

044

「風騷」原本是褒義詞，與文學相關，現在卻多與色情產生關聯，為什麼會發生這樣的變化呢？

「風騷」這個詞在今天的日常用語中並不是個好詞，它差不多等同於「放蕩」和「輕浮」。特別是用它來形容女性的時候，這簡直是對被形容者的重大侮辱。「風騷」的這一慣常用法，在很多時候是純粹作為貶義詞使用的。

然而，「風騷」的本義卻與放蕩、輕浮一點也沾不上邊。它最初的意思是《詩經》與《楚辭》的並稱。因為《詩經》中有「國風」，而《楚辭》中最著名的篇章是《離騷》，「國風」與《離騷》是《詩經》和《楚辭》的精華，所以古人取國風的「風」，與《離騷》的「騷」合成一個詞「風騷」，用以指代文學素養或文采。

在古代，用「風騷」來指人才華豐贍，不同凡響。比如，北宋孫光憲的《北夢瑣言》記載：「沙門貫休，鍾離人也，風騷之外，精於筆箚。」這句話中的「風騷」，即是文采的意思。毛澤東詞《沁園春・雪》云：「惜秦皇漢武，略輸文采；唐宗宋祖，稍遜風騷。」毛澤東將「文采」與「風騷」對舉，可見其意思基本是對等的。後來，「風騷」一詞又發展出容貌俏麗的意思，比如《紅樓夢》第三回說：「身量苗條，體格風騷。」再後來，「風騷」便演變成今天人們最為熟知的「輕浮放蕩」之義。

雖然中國古代文史方面有修養的人，都知道「風騷」的原本含義，但目前大多數人已經習慣於它的貶義用法，已被社會語言所認同，因此就不會用在形容有文才這個意思上了。

延伸知識｜古代文人為什麼把身上有蝨子視為風雅？

古代文人身上經常有蝨子，這與當時的衛生條件有關，但文人卻並不以為恥，反而當作一種風雅的象徵。這是怎麼回事呢？

這種情況主要是在魏晉時期比較流行，當時興起「服石」之風，即服「五石散」或「寒食散」，服後煩熱，於是經常猛澆冷水，也因此容易暴斃。士大夫於是到處「行散」亂竄或睡臥路旁，以顯示其高貴和闊綽。甚至沒落的隱士無力服石時，也要硬裝出服過的樣子。體熱加上不敢洗澡，很容易生蝨子。在隱士們看來，在濃郁的體味裡不停有動物出入，更是回歸自然之相，蝨子儼然已經是風度和人生追求的證詞了。

宋代文人陳善，寫了一本筆記，上下各四卷，記載北宋時期的政治情況。上卷原名《窗間紀聞》，至南宋時定稿，改書名為《捫蝨新話》。可以說蝨子已經走進了文化中了。

據民間傳說，北宋的名臣王安石有一天上朝，有隻蝨子從他的衣領裡悄悄爬出，一路蜿蜒，攀上鬍鬚，王安石渾不自覺，神宗皇帝看到了，開心一笑。下朝的時候，王安石問同僚王禹玉，皇上因何而笑。王禹玉據實相告，王安石趕快命人幫他抓這隻蝨子，準備將之殺死。王禹玉說：「此蝨屢遊相須，曾經御覽，未可殺也，或曰放焉。」這也成了文人將蝨子當作風雅的典型事例了。

045 「龍」的形象是怎麼來的？為什麼中國人被稱為「龍的傳人」呢？

「龍」在中國人的思想中有著巨大的影響，這種虛擬的動物是怎麼來的呢？

傳說中的龍起源於新石器時代早期，距今不會少於八千年，龍甚至比黃帝早得多。在黃帝努力統一各個部落的時候，龍已經在先民們的歷史中存在數千年了。

一般認為龍信仰來源於「蛇」的圖騰崇拜，而蛇圖騰在女媧、伏羲等形象上能明顯地看到，炎黃二帝時開始達到鼎盛，龍的圖案造型上經歷了極多的藝術變形和演變。上古時代中國海神的形象是鳥身，後演變為水族。一方面，在圖騰崇拜等文化現象中，不斷產生龍的傳說和很多藝術變形圖案。另一方面，又有大量遭遇龍的歷史記載，龍可能是某種或某幾種已知或未知的生物，被人看到後強化了對龍的描述和傳聞。還有宗教思想和修行見聞的影響，而統治者意識形態介入，也使龍文化不斷發展。所以歷史中，龍的形象不但包含人們的想象和神話，也包含人們一些當時無法理解的見聞（如龍捲風等），甚至包含（已知或未知）實體生物出現的經歷。龍的故事中有真有假，真偽難辨，使得龍變成一種亦幻亦真的神物。

很多史書記載黃帝本身就是龍，百姓將黃帝認作是炎黃子孫的共同祖先，黃帝是龍，炎黃子孫當然也就是「龍子龍孫」了，因此中國人又稱「龍的傳人」。

延伸知識 為什麼中國人又稱「炎黃子孫」？

傳說在四千多年以前，中國長江流域和黃河流域，居住著許多氏族部落，其中最著名的是黃帝部落、炎帝部落和蚩尤部落。黃帝部落居住在中國西北部現今陝西省的地方，後來向東遷徙，最後定居在今河北涿鹿一帶的山彎裡，過著遊牧生活。炎帝部落在今陝西省渭河流域至黃河中游一帶活動。蚩尤部落又稱為「九黎族」，居住在中國東部今山東、河南一帶。這三個部落在相互交往的過程中，曾在今河北北部一帶，發生過數次大的戰爭。

炎帝部落從渭河流域進入黃河中游以後，與蚩尤部落發生了長期的衝突。炎帝被蚩尤打敗以後，逃到了河北涿鹿，投靠黃帝部落。後來，這兩個部落聯合起來，與蚩尤在涿鹿大戰，蚩尤戰敗，被黃帝部落殺死，黃帝取得了勝利。這就是史書上有名的「涿鹿之戰」。

黃帝對蚩尤部落成員採取安撫政策，留在北方的蚩尤部落成員就加入了炎黃部落。其他部落聽說蚩尤已死，對黃帝佩服得五體投地，大家共同擁戴他為天子，黃帝就在涿鹿建都。

打敗蚩尤以後，炎帝部落要爭做霸主，與黃帝部落又發生了大衝突。炎帝和黃帝這兩個部落，在阪泉（今河北懷來一帶）又大戰一場，結果炎帝被打敗，歸服了黃帝部落。後來，他們的後裔就從河北一帶向南發展，進入黃河流域，定居中原，經過長期的共同生活，共同繁衍，互相融合，共同組成了中國中原地區的遠古居民，奠定了後來華夏族的歷史基礎。

以後這一部族逐漸發展，而居住在中原地區原來不同祖先的居民，都自認為是黃帝、炎帝的子孫。春秋以後，這些居民自稱為華夏族，到漢朝以後稱為漢族。後世的漢族人就把黃帝、炎帝尊稱為自己的祖先，自稱是「炎黃子孫」了。

046

「四大徽班」進京，是指哪四個京劇班子？他們為什麼要進京？

中國國粹之一京劇的發展和「四大徽班」緊密相關。「四大徽班」即三慶班、四喜班、和春班、春台班，多以安徽籍藝人為主，因此叫「徽班」。

乾隆五十五年（一七九〇），為給乾隆帝祝壽，從揚州徵召了以戲曲藝人高朗亭為台柱的三慶班入京，以唱「二黃」聲腔為主，這是徽班進京演出之始。之後又有四喜、啟秀、霓翠、和春、春台等安徽戲班相繼進京。在演出過程中，六個戲班逐漸合併為四大徽班。時值京腔（高腔）、秦腔已先行流入北京，徽班在演唱二簧、昆曲、梆子、囉囉諸腔的基礎上，相容並蓄，出現了「四徽班各擅勝場」的局面。由於其聲腔及劇目都很豐富，逐漸壓倒了當時盛行於北京的秦腔與昆劇。許多秦腔班演員轉入徽班，形成徽秦兩腔的融合。昆劇演員也多轉入徽班。

嘉慶、道光年間，漢調（又稱楚調、西皮調）進京，參加徽班演出，徽班又兼習楚調之長，為匯合二簧、西皮、昆、秦諸腔向京劇衍變奠定了基礎，在京師與徽班造成了西皮與二黃合流，形成所謂的「皮黃戲」。此時在京師裡形成的皮黃戲，受到北京語音與腔調的影響，有了「京音」的特色。這種帶有北京特點的皮黃戲叫做「京戲」，也叫「京劇」。因此，「四大徽班」進京，被視為京劇誕生的前奏，在京劇發展史上具有重要意義。到了同治、光緒年間，京劇已臻於成熟，藝術上也日益精純，有些演員常被召入清宮給慈禧太后演戲，被稱為「內廷供奉」。到了清末，四大徽班已相繼散落。

四大徽班進京，在京劇發展史上具有里程碑式的意義。

延伸知識｜元雜劇中「四折一楔子」是指什麼？

瞭解元雜劇的人都知道，它的結構特點是「四折一楔子」，為什麼會產生這麼固定的結構呢？是不是一成不變呢？這要從元雜劇的發展歷史談起。

元雜劇又稱北雜劇、北曲、元曲。元曲包括元雜劇和元代散曲兩個部分，它是在金院本的基礎上孕育發展而形成的，正當南戲盛行之際，北雜劇走向成熟。十三世紀後半期是元雜劇雄踞劇壇最繁盛的時期。「一人主唱」是元雜劇的一個顯著特點。元雜劇唱與說白緊密相連，「曲白相生」，是嚴謹、完整、統一的，又是個性鮮明的戲曲藝術。作為一種成熟的戲劇，元雜劇在內容上不僅豐富了久已在民間傳唱的故事，而且廣泛地反映了當時的社會現實，成為廣大民眾最喜愛的文藝形式之一。

元雜劇具有完整、嚴密的結構體制。「四折一楔子」是元雜劇最常見的劇本結構形式，合為一本，每個劇本一般由四折戲組成，有時再加一個楔子。所謂的「折」相當於現在的「幕」，是音樂組織的單元，也是全劇矛盾衝突的自然段落；四折即是開端、發展、高潮、結尾四個階段。元雜劇在四折戲外，為了交代情節或貫穿線索，往往在全劇之首或折與折之間，加上一小段獨立的戲，稱為「楔子」。安排在第一折之前的，稱為開場楔子；置於各折之間的，稱為過場楔子。楔子本義是木器榫合處為彌縫填裂而楔入的小木片，在元雜劇中它所發揮的是綿密針線或承前啟後的作用。

元雜劇一本四折的形式並不是一成不變的，如《趙氏孤兒》五折，《秋千記》六折，《西廂記》五本二十一折，吳昌齡的《西遊記》六本二十四折。因此，「四折一楔子」的結構也並不是永遠不變的，可以根據劇本實際內容和演出需要有所調整。

047

「九卿三公」的具體官職是什麼？

「卿」和「公」都是官職名稱。西周時期周王朝及諸侯都有卿，分上中下三級。上卿是當時最高的官職。一般習慣上說的「九卿三公」所指的具體官職在歷朝歷代都有所不同。

「九卿」之說始於秦漢，指的是太常、光祿勳、衛尉、太僕、大鴻臚、宗正、大司農、少府九個官職。具體一點來說，太常掌管宗廟祭祀與禮儀；光祿勳掌管宮廷的守衛和護從；衛尉負責宮門警衛工作；太僕掌管皇帝的車馬；廷尉是最高司法之官，掌管刑獄、案件的審理等；大鴻臚又叫典客或大行令，負責外交及民族事務；宗正負責管理皇室、宗族的事務；大司農又名治粟內史或大農令，掌管穀貨、租稅、賦役、財政等；少府掌山海池澤之稅，以供養皇帝。到北魏時期，在正卿之下還設少卿，歷代相沿，直到清末才廢止。

「三公」之說也起始很早，周時以司馬、司徒、司空為三公，西漢以丞相（大司徒）、太尉（大司馬）、御史大夫（大司空）為三公。到東漢時，名稱有所改變，指太尉、司徒、司馬。「三公」又叫「三司」，共同負責軍政事務。

後世將「九卿」與「三公」合起來，表示身居高位，並不代表什麼具體的官職。

延伸知識——「二桃殺三士」是怎麼一回事？

這個成語來源於《晏子春秋》。當時齊國有三個大力士：公孫接、田開疆、古冶子，都是有名的勇士，非常受景公的器重。但他們三個的氣焰也很囂張，對誰都不放在眼裡。很多大臣因為景公重視這樣鹵莽的人，都非常不滿意，認為國家不能僅靠幾個武夫來治理。

有一次，宰相晏子對景公進諫說：「我聽說，賢能的君王蓄養的勇士，對內可以禁止暴亂，對外可以威懾敵人，上面讚揚他們的功勞，下面佩服他們的勇氣，所以使他們有尊貴的地位，優厚的俸祿。而現在君王所蓄養的勇士，對上沒有君臣之禮，對下也不講究長幼之倫，對內不能禁止暴亂，對外不能威懾敵人，這些是禍國殃民之人，不如趕快除掉他們。」

景公聽從了晏子的話，但認為沒有辦法來處置這三個勇士。晏子便說他自有主張。

晏子叫人準備了兩個桃子，對三個勇士說是景公賞賜的，要他們三個人就按功勞大小去分吃這兩個桃子。

公孫接說：「我第一次打敗了野豬，第二次又打敗了母老虎。我的功勞最大。」於是他拿起了一個桃子站了起來。

田開疆說：「我手拿兵器，接連兩次擊退敵軍。我的功勞不輸公孫接。」於是，他也拿起一個桃子站了起來。

古冶子說：「我曾跟隨國君橫渡黃河，大鱉咬住車左邊的馬，拖到了河中央，我潛到水裡殺死大鱉。我左手握著馬的尾巴，右手提著大鱉的頭，像仙鶴一樣躍出水面。像我這樣的功勞，難道連一個桃子都吃不到嗎？活著還有什麼意思！」說著，便抽出寶劍，自刎而亡。

公孫接、田開疆說：「我們勇敢和功勞趕不上古冶子，拿桃子也不謙讓，這就是貪婪啊；然而還活著不死，那還有什麼勇敢可言？」於是，他們二人都交出了桃子，刎頸自殺了。

景公聽到這件事情很傷感，派人給他們穿好衣服，放進棺材，按照勇士的葬禮埋葬了他們。而晏子後來給國家推薦了一些有智謀的人，幫助齊國成為強國。

大家都對晏子的計謀很是稱賞，從此這個成語就用來指對付有勇無謀的人的方法了。

048

「夜郎自大」的「夜郎」在什麼地方？那裡的人為什麼會「自大」？

「夜郎自大」通常用來形容盲目自信的人，那麼真的有「夜郎」嗎？他們真的很自大嗎？

司馬遷《史記．西南夷列傳》稱：「西南夷君長以什數，夜郎最大。」夜郎國的具體位置，史籍記載都很簡略，只說：「臨牂牁江」，其西是滇國。牂牁江是漢代以前的水名，今人根據其向西南通抵南越國都邑番禺（今廣州）的記載，考訂為貴州的北盤江和南盤江。多數人認為，夜郎國的地域，主要在今貴州的西部，可能還包括雲南東北、四川南部及廣西西北部的一些地區。大約戰國時代，夜郎已是雄踞西南的一個少數民族君長國。漢武帝時，在夜郎地區設置郡縣，將夜郎劃入版圖。西元前一一一年，夜郎派兵協同征伐南越反叛，遣使入朝，漢王朝授予夜郎王金印。

夜郎滅國於西漢末期，漢成帝河平年間（西元前二八～二五年），夜郎與南方小國發生爭鬥，不服從朝廷調解。漢廷新上任的牂牁郡守陳立深入夜郎腹地，果斷地斬殺了名叫興的夜郎末代國王，並機智地平定了其臣屬及附屬部落的叛亂。從此以後，夜郎不再見於史籍。

夜郎國存在了約三百多年，其文明發展在西南地區具有較大影響。漢開發西南夷後，在鞏固國家統一的大戰略中，它發揮了積極的作用。

據傳使者到達今雲南的滇國，再無法西進。逗留期間，滇王問漢使：「漢孰與我大？」後來漢使返長安時經過夜郎，夜郎國君也提出了同樣問題。這段很平常的故事後來便演變成家喻戶曉的「夜郎自大」這個成語。

延伸知識｜古代中國的「山東」、「山西」是現在的省分名稱嗎？

現在的山東、山西是中國的行政省分，其實在古代，山東、山西指的是特定的地理位置，這兩個「山」也並不一致。

山西的「山」是指太行山，山西東為太行，西為呂梁。電影歌曲《人說山西好風光》中唱道：「左手一指太行山，右手一指是呂梁。」太行山是山西與河北的交界，太行山以東是河北而不是山東。

而「山西」作為行政區域，是歷史演進下的產物。春秋時期，山西大部分地區為晉國所有，所以簡稱「晉」；戰國初期，韓、趙、魏三家分晉，因而又稱「三晉」。唐代，山西在全國占舉足輕重的地位。到五代十國，山西仍然對中國北方的政治、軍事形勢，發揮著決定性的作用。宋遼時期，山西進一步繁榮，是中國北方經濟、文化的主要發達地區。元代，全國共十一個行省，山西與山東、河北並稱為元朝「腹地」。明代，山西的商業迅速發展，曾領先全國。

山東的「山」古時有兩個意思，一是指崤山，「山東」即是指崤山以東的廣大地區，即秦國東邊的中原地區。比如《史記》常有山東豪傑如何如何，指的就是這層含義，「坑灰未冷山東亂」即是。另一個就是太行山。泛指太行山以東的地區。山東省名即來源於此。

山東作為地理名稱始於戰國時期，作為政區名稱則始於金代。元朝置山東道，明朝設山東布政使司，形成與今天山東省大體相同的版圖，大部分縣名沿用至今。清朝正式設山東省，治所在濟南府。清朝滅亡後，經過幾次調整，山東省於是形成了目前的行政區劃。

049

「青花瓷」是青色的嗎？

提起青花瓷，人們都知道它是景德鎮四大傳統名瓷之一。其瓷白中泛青，其花青翠欲滴，是典雅素靜的「人間瑰寶」。但問起它的來歷，人們不一定知道這裡還有一個動人的傳說。

相傳元代時，鎮上有個刻花的青年工匠，名叫趙小寶。小寶有個未婚妻，名叫廖青花。青花為了找到能夠畫瓷器的顏料，決定和舅舅進山找礦去。

三個月過去了，小寶見青花和舅舅還未歸來，便冒著嚴寒進山去尋找他們。小寶走了三天三夜，終於來到了山前，但找到的卻是舅舅和青花凍僵的屍體。在他們身旁的雪地上，還堆著已選好的石料……

埋葬了舅舅和青花，小寶回到鎮上，從此潛心研製畫料。他將青花採挖的石料研成粉末，配成顏料，用筆蘸飽，畫到瓷坯上、高溫焙燒後，白中泛青的瓷器上出現青翠欲滴的藍色花紋，青花瓷便從此誕生。

青花瓷的出現，突破了中國瓷器以單色釉為主的框框，把瓷器裝飾推進到釉下彩繪的新時代，形成了鮮明的景德鎮瓷器之風格。後人為了紀念廖青花，遂把畫在瓷器上的這種藍花稱之為「青花」，把描繪這種藍花的彩料稱之為「青花料（廖）」，這兩種叫法，一直沿用至今。

在陶瓷的製作裡面，「雨過天青」是一種非常難於製作的顏色，因為在爐裡燒出來，出爐的那一瞬間必須是煙雨天。在釉上的顏色對爐火的溫度等等要求都非常高，所以，一般來說，「雨過天青」的瓷器一直是稀少而昂貴的。

延伸知識──「唐三彩」的「三彩」是哪三種顏色？

「唐三彩」一詞，不見於古代文獻，最早的記載是民國初年。「唐三彩」實際上是唐代彩色釉陶的總稱，由於它盛行於唐代，以黃、褐、綠為基本釉色，後來人們習慣地把這類陶器稱為「唐三彩」。專業研究者則多以「唐彩色釉陶」之名稱呼，從嚴格意義上說，後者更具科學性，因為從工藝上看，唐三彩是「釉」而算不上「彩」，但「唐三彩」是約定俗成的名稱，有廣泛的影響，因而保持這一名稱具有普遍意義。而實際上，唐三彩所用的色彩還包括藍、赭、紫、黑等。這種彩色釉陶是在漢代低溫鉛釉陶工藝的基礎上，通過長期實踐，對含有有色金屬元素的各種原料有了新的認識而製作成功的。其間經歷了一個由粗到精的緩慢燒造發展過程，到唐朝時，終於形成了著名的唐三彩陶器。

唐三彩的品種很多，有器物，有立體塑像，有明器，也有生活用具。從現存的各種唐三彩看，它是反映了唐代社會生活最完整的手工藝品，幾乎沒有一種唐代手工藝品的種類可以超過唐三彩的品種。概括起來，唐三彩大致有以下幾種類型：人物塑像、動物塑像（包括飛禽走獸）、生活用具、模型。

唐三彩是局限於唐代製作的三彩陶器，隨著唐王朝的滅亡，唐三彩也隨之消失。唐代以後，唐三彩的製作工藝在北方地區流傳繁衍，其中包括契丹民族的三彩和北宋三彩，還有金代的金三彩等。但它們的藝術水準與唐三彩相比之下較為遜色，風格也有較大的區別。

050

「十里長亭」是十里長嗎？為什麼古人喜歡在長亭送別？

「十里長亭」不是十里長，而是每隔十里設一個亭子。秦漢時每十里設置一亭，以後每五里有一短亭，供行人歇腳，親友遠行也常在此話別。秦制三十里一傳，十里一亭，亭設有住宿的館舍。按秦法，亭應及時負責信使的馬匹給養、行人口糧、醬菜和韭、蔥等。

後來用「十里長亭」來表示送別，這又是怎麼來的呢？

古代離別的緣由和性質各不相同：有的是離鄉背井去外地謀生，離別親人父母；有的是被徵兵戍邊，家中愛妻獨守空房；有的是為了求取功名，只能在外漂泊等等，離家的緣由不同，分別的場景也各不一樣。由於道路崎嶇，水陸交通工具不發達，古人長途遠行，或乘車船，或騎馬，或步行，山河阻障，跋涉艱難，且風餐露宿，路上有各種危險，一旦離家後，很多事情都難以預料，加上通訊又不發達，所以自先秦時期就有祭祀路神然後登程的風俗，其意在祈求一路平安，稱之為「祖」。後來這種風俗一直延續下來，一般都是路旁亭舍或在野外臨時設立帷帳，準備酒肴送別行人，因此也稱祖帳、祖送、祖道等。

餞行送別是古人悵惋興悲、觸動心靈之事，在古典詩詞中有很多吟詠。唐王維《齊州送祖三》詩：「祖帳已傷離，荒城復愁入。」宋柳永《雨霖鈴》詞：「寒蟬淒切，對長亭晚，驟雨初歇。都門帳飲無緒，留戀處、蘭舟催發。」元王實甫《西廂記》第四本三折：「今日送張生赴京，十里長亭，安排下筵席」等等，文人墨客多用「長亭」這一特定場景表達離情別緒，逐漸為世人所接受，所以一般送別時都安排在十里長亭。

延伸知識｜古代的「亭」有什麼功用？

亭這種建築，現在一般用來觀賞，在古時候是供行人休息的地方。《釋名》解釋道：「亭者，停也。人所停集也。」就把亭當作供人休息的場所。

後來亭的功能逐漸發生轉化，在一些風景地帶，經常建設一些亭，一方面供人休息，一方面也有欣賞的作用，以至於在路邊的亭反而越來越退出歷史舞台了。尤其是園林藝術興起後，亭的功能被發揮得淋漓盡致。所以現在著重研究和建設的也都是景區園林的亭。

景區所建設的亭，應當是自然山水或村鎮路邊之亭的「再現」。水鄉山村，道旁多設亭，供行人歇腳，有半山亭、路亭、半江亭等。由於景區園林作為藝術是仿自然的，所以許多園林都設亭。但正是由於園林是藝術，所以園中之亭是很講究藝術形式的。亭在園景中往往是個

「亮點」，發揮畫龍點睛的作用。從形式來說也就十分美而多樣了。《園冶》中說，亭「造式無定，自三角、四角、五角、梅花、六角、橫圭、八角到十字，隨意合宜則制，惟地圖可略式也。」這許多形式的亭，以因地制宜為原則，只要平面確定，其形式便基本確定了。

園中設亭，關鍵在位置。亭是園中「點睛」之物，所以多設在視線交接處。如蘇州網師園，從射鴨廊入園，隔池就是「月到風來亭」，形成構圖中心。又如拙政園水池中的「荷風四面亭」，四周水面空闊，在此形成視覺焦點，加上兩面有曲橋與之相接，形象自然顯要。當然此亭之形象，也受得起如此待遇；如果這座亭子形象難以入目，這就叫「煞風景」。又如拙政園中的「繡綺亭」，留園中的「舒嘯亭」，上海豫園中的「望江亭」等，都建於高顯處，其背景為天空，形象顯露，輪廓線完整，甚有可觀性。

所以，古時候用來送別餞行的亭，逐漸遠離了實用性，走進了藝術與文化的殿堂。

051

古代沒有鐘錶，古人是用什麼計時的？

古人日出而作，日落而息，基本上是圍繞著太陽轉的。古代沒有鐘錶，人們根據太陽的起落和人獸的活動來計時，把一天分為雞鳴、昧旦、日出、食時、隅中、日中、日昃、晡時、日入、黃昏、人定、夜半十二個時段。由於季節的不同，具體的時間差竟達兩小時。因為不太科學，終於被十二地支計時法所替代。

古人用地支（子、丑、寅、卯、辰、巳、午、未、申、酉、戌、亥）把一天分為十二個時辰，每個時辰相當於現在的兩個小時，如巳時相當於九時至十一時。

另外，古代還有報更，又叫打更的計時法，把夜間分為五更：相當於現代的十九時到二十一時為一更，二十一時到二十三時為二更，二十三時到一時為三更，一時到三時為四更，三時到五時為五更。

古時夜間還有一種憑漏壺表示時刻的方法，所以漏壺又叫更漏。漏壺是中國最古老的計時器。根據史書記載，周代時已有漏壺，到春秋時期，漏壺的使用已相當普遍。初期的漏壺只有一隻壺，人們在壺中裝上一枝有刻度的木箭。當水從壺底的小孔漏出時，壺中水位下降，木箭會隨之下沉，觀測刻箭上的水位，便知道是什麼時間了。因此，數更漏就是計數水下降到漏壺中箭的哪一個刻度，也就是計數夜晚的時刻的意思。

因此古人每天並不是很糊塗地生活，他們對時間的概念還是蠻清晰的。

延伸知識 「白雲蒼狗」是形容時間過得快嗎？

人們在形容時間過得快的時候，往往用「白雲蒼狗」一詞。提起這句成語，還有一個動人的故事呢。

唐朝有個詩人叫王季友，他的妻子嫌他窮困，離他另嫁，但世人卻說這是因為王季友有外遇。杜甫為此不平，並寫了《可歎》一詩為王季友鳴不平。杜甫認為：這種把好人變成壞人的社會輿論，有如白雲蒼狗一樣。詩云：「天上浮雲似白衣，斯須改變如蒼狗。古往今來共一時，人生萬事無不有。」秋天高空白雲聚成許多形狀，看的人可以會意為各種動物或什物，但不一會，就又變成別的形狀。

「白雲」指白色雲朵；「蒼狗」指黑色的狗。白雲與蒼狗是兩種毫不相干的事物，但世情和輿論卻似變幻的雲彩一般。起初可以像一件白衫，瞬息之間能使之變成黑狗。這種事古往今來都一樣，人生世間是無奇不有的！

現在的「白雲蒼狗」一詞不再是杜甫賦詩時的意思，已經引申到泛指事情變化無常，令人難以猜測了。

052

古代實施外科手術時有麻醉藥嗎?中國最早的麻醉藥是什麼?

麻醉劑是中國古代外科成就之一。早在距今兩千年之前,中國醫學中已經有麻醉藥和醒藥的實際應用了。《列子.湯問篇》中記述了扁鵲用「毒酒」、「迷死」替病人施以手術,再用「神藥」催醒的故事。

東漢時期,著名醫學家華佗發明了「麻沸散」,作為外科手術時的麻醉劑。他曾經成功地做過腹腔腫瘤切除術,腸、骨部分切除吻合術等。中藥麻醉劑——「麻沸散」問世,對外科發展產生了極大的推動作用,對後世的影響是相當大的。華佗發明和使用麻醉劑,比西方醫學家使用乙醚、「笑氣」等麻醉劑進行手術要早一千六百年左右。華佗不僅是中國第一個,也是世界上第一個麻醉劑的研製和使用者。

麻沸散是華佗創製的用於外科手術的麻醉藥。《後漢書.華佗傳》載:「若疾發結於內,針藥所不能及者,乃令先以酒服麻沸散,既醉無所覺,因刳破腹背,抽割積聚……既而縫合,傅以神膏,四五日創癒,一月之間皆平復。」由此可知華佗當時對於腦外科和普通外科及麻醉學方面已有相當水準。

傳說華佗曾經試圖利用麻沸散給關羽刮骨療毒,遭到了關羽的拒絕,結果他在沒有接受麻醉的情況下進行了手術。後來華佗建議曹操進行開顱手術，也打算利用麻沸散，但曹操不相信華佗，將他處死。華佗死之前，將麻沸散的配方給了獄卒，但卻被獄卒的妻子燒掉，麻沸散遂從此失傳。

延伸知識 神醫華佗發明的「五禽戲」模仿了哪五種動物？

「五禽戲」是一種中國傳統健身方法，由五種模仿動物的動作組成。五禽戲又稱「五禽操」、「五禽氣功」、「百步汗戲」等。據說五禽戲是東漢名醫華佗模仿熊、虎、猿、鹿、鳥五種動物的動作創編的一套防病、治病、延年益壽的醫療氣功。它是一種有剛有柔、剛柔並濟、內外兼練的仿生功法。但也有人認為華佗是五禽戲的整理改編者，在漢代以前已經有許多類似的健身法。而最早記載了「五禽戲」名目的是南北朝陶弘景的《養性延命錄》。

五禽戲由五種動作組成，分別是虎戲、鹿戲、熊戲、猿戲和鳥戲，每種都是模仿了相應的動物動作。每種動作都是左右對稱地各做一次，並配合氣息調理。五禽戲鍛鍊要做到：全身放鬆，意守丹田，呼吸均勻，形神合一。練熊戲時要在沉穩之中寓有輕靈，將其剽悍之性表現出來；練虎戲時要表現出威武勇猛的神態，柔中有剛，剛中有柔；練猿戲時要仿效其敏捷靈活之性；練鹿戲時要體現其靜謐恬然之態；練鳥戲時要表現其展翅凌雲之勢，方可融形神為一體。常練五禽戲，可活動腰肢關節，壯腰健腎，疏肝健脾，補益心肺，從而達到祛病延年的目的。

五禽戲是中國民間廣為流傳的，也是流傳時間最長的健身方法之一。二〇〇三年中國國家體育總局把重新編排後的五禽戲等健身法作為「健身氣功」的內容向全中國推廣。古老的養生操於是走向了新的時代。

053 中國古代有醫院嗎？

中國類似醫院的組織最遲在漢朝就已經有了。有一年黃河一帶發生旱災，瘟疫流行，皇帝劉衎選了適中的地方，較大的屋子，設置許多醫生和藥物，免費給老百姓治病。這可能是中國歷史上第一個公立的臨時性醫院。另外一個名叫皇甫規的將軍在甘肅隴坻一帶作戰，適逢軍隊裡疫病流行，皇甫規便租賃大批民房，設置醫藥，把病員都集中起來一起治療。當時軍隊中的這種醫療組織叫做「庵廬」，好比現在的野戰醫院。

南齊永明年間，吳興一帶大水，疫病流行，竟陵王蕭子良把自己住宅拿出來，設醫置藥，收養貧病，這可能是中國私立慈善醫院的最早形式。北魏太和二十一年（四九七），孝文帝曾在洛陽設立「別坊」，派遣了四個醫生，購備許多藥物，凡是貧窮害病無力醫療的，都可以到這裡來就醫。在永平三年（五一〇），南安王曾設立專門的地點，凡是有疾病的都住在裡面治療，這可能是公立慈善醫院的最初形式。

唐朝的醫院都叫做「病坊」，大約在開元年間就開始有病坊的名稱了，這時的病坊大多都是設在廟宇裡的。不僅在長安、洛陽這樣的大城市設立，就是其他各州亦有設立。因為病坊設在廟宇，主持人多屬僧尼，在武宗滅佛時受到影響。後來由李德裕等人的倡議，選舉鄉里有聲望的人來做病坊的主持人，病坊的制度終於得以保持下來。到了五代時，個別病坊曾有改名為「養病院」的，可見唐朝後不僅醫院事業有很大的發展，名稱亦很接近現代了。

到了宋朝，醫院的規模逐漸擴大。西元一〇六三年，宋仁宗趙禎曾以寶勝、壽聖兩座廟宇為基礎，各添修五十棟房屋，成立兩個醫院，每個醫院病人名額各規定為三百人，這樣的大規模醫院，即使在現在也是可觀的。蘇東坡在杭州做官時，個人曾和公家合起來創辦了一所病坊，名叫安樂坊，三年醫好了一千個以上的病人，這是中國歷史上第一個公私合辦醫院。以後各州縣都各設有醫院，叫做「安濟坊」。這時醫院裡的設置更為完備，由官方派人領導，員工方面有乳母、女使，衣被器用一律由安濟坊供給，當時坊裡的醫生都是有相當的本領的。

宋朝醫院不僅規模空前龐大，數量很多，設備完善，並且還成立了門診部，初叫賣藥所，後來改名和劑局，有醫有藥，便利一般群眾治病，甚至外州縣的病人也可以通函治療。現在流傳著一部方書，名叫「和劑局方」，也就是該門診部出版的「處方手冊」。這樣以門診形式的治療機構，人們感到非常方便，在元朝、明朝越是發展了，尤其是明朝幾乎各縣都有醫所，而且名字都叫惠民藥局，都是官辦的。

進入清代和近代以來，隨著社會的發展，醫院也獲得了巨大的進步，逐漸過渡到現代醫院體系上了。

延伸知識——中國古代有女醫生嗎？

在中國古代，醫生並不是男人的專利，很多女人憑著精湛的醫術、高尚的醫德，成為著名的醫生，為中國的醫學事業發展作出了重要的貢獻。

據史料記載，早在西漢時代，河東（今山西復縣）有一個名叫義姁的女子，從小就對醫學有興趣，她十幾歲時就能用上山採來的草藥給鄉親們敷治外傷。在生活中只要有機會，她都會向醫生虛心請教。待義姁長大後，已經學到了許多醫藥知識，並積累了豐富的臨床經驗，先後醫治好了很多病人，為百姓們交口稱譽。後來，義姁被漢武帝召至宮中，封為女侍醫，專為皇太后治病。

在兩晉時期，著名的煉丹家葛洪的妻子鮑姑也是一位名醫。由於葛洪的熏陶，鮑姑也喜歡鑽研醫藥方面的知識。她長期跟隨丈夫在廣東羅浮山煉丹行醫，為民治病，嶺南一帶的民眾尊稱她為「鮑仙姑」。鮑姑死後，嶺南人民為了懷念她，在廣州越秀山下三元宮內修建了鮑姑祠。

在古代，女子不但能成為內科醫生，還有的是外科專家。宋代有個著名的女外科醫生，名叫張小娘子。她的醫術高超，技術精湛，有豐富的臨床經驗。尤其是患有瘡瘍癰癤的病人，她往往刀到病除。後來，張小娘子又把外科技術傳給丈夫，夫婦倆都成了當地名醫。

女人做醫生有時具有男醫生所不具備的優勢，比如婦科醫生。明代就有一位著名的婦科女醫生談允賢，江蘇無錫人。她的祖父母精通醫術，所以她從小便在祖父母的指導下學習醫藥知識。談允賢婚後不久得了氣血失調病，她把自己所患的疾病作為研習案例，自己開方配藥，終於治好了病。談允賢從女性的角度研習婦女疾病，提供女性求醫的方便性。

054

「狐狸精」是迷人、害人的妖怪，狐狸從什麼時候有這個惡名的？

現在大家把「狐狸精」看做是善於運用各種手段勾引男人的「風騷」女人。其實「狐狸精」最早是以祥瑞的正面形象出現的。上古時期，就有狐之圖騰崇拜，塗山氏、純狐氏、有蘇氏等部族均屬狐圖騰族。狐狸在封建社會，最早是受到女性的喜愛，並將它作為討好配偶的神祇。狐狸漂亮的皮毛、小巧可愛的身軀和狡詐精怪的脾性，在古人心目中，只有嬌媚的女人可與之相比。狐狸似乎還代表了某種詭祕的精神，尤其是涉及女性的性格心理。

狐狸在先秦兩漢的地位最為尊崇，與龍、麒麟、鳳凰一起並列四大祥瑞。漢代以後，狐狸精作為祥瑞的地位急劇下降。漢代的狐仙故事較為原始，極少有積極意義。到了魏晉南北朝，狐狸才開始人化，變得法力無邊，還獲得了人的感情和智力。到了唐代，狐仙小說依然盛行，像《任氏》、《計真》等開始大肆宣揚與狐有關的靈異事件。宋代，民間還出現了「狐王廟」；明時，談狐的作品漸少。至清代，以《聊齋志異》、《閱微草堂筆記》為代表的筆記小說又大暢其說。

據說「狐狸精」這個名稱始於唐初。《太平廣記》中《狐神》條云：「唐初已來，百姓多事狐神……當時有諺云：無狐魅，不成村。」「狐魅」即「狐狸精」，反映出「狐狸精」已作為一個獨立的形象存在於人們的意識和民間信仰裡。「狐狸精」化作人形，或到處作客吃喝，或上門求娶妻妾，它的情感、行為都是以人的模式來塑造的。唐代以後的志怪小說，如《容齋隨筆》、《聊齋志異》等，更是到處活躍著性格各異、人情味十足的狐狸精。

那麼「狐狸精」又怎麼成了放蕩女人的代名詞了呢？《搜神記》引道士云：「狐者，先古之淫婦也，其名曰阿紫。化而為狐，故其怪多，自稱阿紫。」古人把狐狸視為性情淫蕩，以美貌迷惑人的精靈鬼怪，再加上狐狸成精的傳說和志怪小說中對眾多民間妖豔、多情的狐狸精的描述，於是乎，人們的俗語中便把性感而具誘惑力的不良女性稱為「狐狸精」了。

延伸知識 為什麼用「狼心狗肺」形容某些人忘恩負義呢？

「狼心」怎麼和「狗肺」長在一起呢？長了這樣的心和肺的會是什麼呢？原來有這樣一個傳說：

戰國時名醫扁鵲往伏牛山為民治病。一天，走到一個山坡上，看到草叢中有一具屍首，像是剛死不久。他想把他救活，可是心肺已經壞了。正在猶豫，忽然一隻狼從這裡路過，他用手術刀一投，將狼扎死，取了它的心，安在屍首腔內；又見一隻狗也從這裡跑過，捉住它又取了它的肺，也安在屍首腔內。經過搶救，屍首活了，猛地站起來抓住扁鵲道：「盜賊，還我財物！」扁鵲說：「是我救了你的命，怎麼還說我是盜賊？豈有此理！」那人拉住扁鵲死死不放，口口聲聲喊道：「還我財物！」扁鵲無奈，只好一同去陽城見官。

陽城縣令聽了二人申訴，對扁鵲道：「你趁他熟睡之際，盜他所帶財物，尚未離去，被他醒後捉住，速將財物還他。」扁鵲道：「此人為狼心狗肺。如若不信，當場查驗。」縣令點頭應允。扁鵲說：「把他的內臟打開看看。」那人膽怯，不願意。扁鵲說：「看看我封的刀口也可以。」那人解開懷，果然一眼看出，有新縫刀口在身。縣令驚呆了，那人還想狡辯下去。這時，扁鵲一跺腳，卻飄然而去……。

縣令急忙追趕，直追到山頂，卻見他面朝東方，盤腿而坐，叫他起來，他卻不言語了。縣令命人查看扁鵲治病的地點，果有死狼死狗在那。只是一個沒有心，一個沒有肺。縣令說：「那人真是狼心狗肺呀！」於是將那人痛斥一番。

從此，就用「狼心狗肺」一詞形容忘恩負義之人了。

055 支票上的金額從什麼時候開始都要用大寫的？

現在支票或者其他票據上的金額數字，除了把金額寫成阿拉伯數字外，還要寫上大寫數字，以防止有人篡改。這種做法是從什麼時候開始的呢？有關這個規定的起源，要追溯到明朝。

據史書記載，在朱元璋執政的明朝初年，發生了一件重大的貪汙案──「郭桓案」。郭桓曾任戶部侍郎，他利用職權，勾結地方官吏大肆侵吞政府錢糧，貪汙累計達兩千四百萬石精糧，這個數字幾乎和當時全國秋糧實徵總數相等。此案牽連十二個政府高官，六個部的政府官員和全國許多大地主。

朱元璋對此大為震驚，下令將郭桓等同案犯幾萬人斬首示眾，同時執行了嚴格的懲治經濟犯罪的法令，並在全國財物管理上實行了一些有效措施，其中較重要的一條就是把記載錢糧數字的漢字「一二三四五六七八九十」改為「壹貳參肆伍陸柒捌玖拾佰仟」等。

於是，這種制度被世人所接受，並一直流傳到現在。

延伸知識｜世界上最早的紙幣為什麼叫「交子」？是什麼時候、在哪裡使用的？

交子被認為是世界最早使用的紙幣，發行於北宋時期的成都。據清《續通典．食貨》記載，交子應為三年一屆，因為感到銅錢與鐵錢混用而不便於攜帶，所以發行了紙幣。到神宗時，交子正式由官方所承認，熙寧初年將偽造交子等同於偽造官方文書。

最初的交子由商人自由發行。北宋初年，四川成都出現了專為攜帶鉅款的商人經營現錢保管業務的「交子鋪戶」。存款人把現金交付給鋪戶，鋪戶把存款人存放現金的數額臨時填寫在用楮紙製作的券面上，再交還存款人，當存款人提取現金時，每貫付給鋪戶三十文錢的利息，即付百分之三的保管費。這種臨時填寫存款金額的楮紙券稱為「交子」。這時的「交子」，只是一種存款和取款憑據，而非貨幣。

隨著商品經濟的發展，「交子」的使用也越來越廣泛，許多商人聯合成立專營發行和兌換「交子」的交子鋪，並在各地設交子分鋪。由於交子鋪戶恪守信用，隨到隨取，所印「交子」圖案講究，隱作記號，黑紅間錯，親筆押字，他人難以偽造，所以「交子」贏得了很高的信譽。商人之間的大額交易，為了避免鑄幣搬運的麻煩，直接用隨時可變成現錢的「交子」來支付貨款的事例也日漸增多。

正是在反復進行的流通過程中，「交子」逐漸具備了信用貨幣的性格。後來交子鋪戶在經營中發現，只動用部分存款，並不會危及「交子」信譽。於是他們便開始印刷有統一面額和格式的「交子」，作為一種新的流通手段向市場發行。這種「交子」已經是鑄幣的符號，真正成了紙幣。但此時的「交子」尚未取得政府認可，還是民間發行的「私交」。景德年間（一〇〇四～一〇〇七年），益州知州張泳對交子鋪戶進行整頓，剔除不法之徒，專由十六戶富商經營。至此「交子」的發行才取得政府認可。

宋仁宗天聖元年（一〇二三），政府設益州交子務，由京朝官一二人擔任監官主持交子發行，並「置抄紙院，以革偽造之弊」，嚴格其印製過程。這便是最早由政府正式發行的紙幣——「官交子」。它比美國（一六九二）、法國（一七一六）等西方國家發行紙幣要早六七百年，因此也是世界上發行最早的紙幣。

056

「兩面派」的「兩面」是說兩張臉嗎？

「兩面派」大多是指口是心非善於偽裝的人，這個詞是怎樣來的呢？

相傳元朝末年，元軍和朱元璋的起義軍在黃河北岸展開拉鋸戰。老百姓苦不堪言，誰來了都要歡迎，都要在門板上貼上紅紅綠綠的歡迎標語，來得勤換得也快。豫北懷慶府的人生活節儉，於是想出一個一勞永逸的辦法。用一塊薄薄的木板，一面寫著歡迎元軍的「保境安民」，另一面寫著「驅除韃虜，恢復中華」。

一次，朱元璋的大將常遇春率領軍隊進駐懷慶府，見家家門口五顏六色的木牌上滿是歡迎標語，心裡高興。可是突然一陣狂風刮來，木牌刮翻，反面全是歡迎元軍的標語。於是，常遇春下令，凡是掛兩面牌的人家都滿門抄斬。經過一場屠殺，懷慶府的人口因此大減。

現在常說的「兩面派」就是由懷慶府「兩面牌」演變而來的。

延伸知識｜中國的廣州為什麼又稱「羊城」？

廣州不盛產羊，所謂「羊城」與一個五羊降福的古老傳說有關，在廣州越秀公園有一座五羊雕像，也是描述這段傳說的。

西元前九世紀，周朝的楚國在如今的廣州建造了一個城邑，名叫楚庭。有一年，楚庭因連年災害，田地荒蕪，農業失收，百姓饑荒。一天，南海的天空出現五朵祥雲，上有五位仙人，身穿紅橙黃綠紫五色彩衣，分別騎著五隻仙羊，仙羊口銜一棵一莖六穗的稻子，徐徐降落在這座城市。仙人把稻穗贈予百姓，把五隻羊留下，祝願這裡永無饑荒，然後騰空而去。從此，廣州成了嶺南最富庶的地方；也開始有了「羊城」、「五羊城」、「穗城」之稱。廣州的百姓還在惠福西路修建了「五仙觀」，紀念五位造福的仙人。

今天，五羊已成為廣州的城徽。細心的遊客會發現，「羊城」這一別稱，已滲透到廣州生活的各方面：書有《羊城古鈔》，刊有《羊城古今》，報有《羊城晚報》，景有「羊城八景」，乃至許多樓字商標、公司社團、名勝古蹟均以「羊城」命名，仙湖街、仙鄰巷、五仙門等都用「仙」字做名，可見「五羊仙」的神話影響深遠。

仙人騎著羊而來，仙人五數、衣五色、羊亦五色都不是偶然的。廣東的羊來自北方，這就說明五羊神話是一則史前拓殖神話，中原人早在西元前九世紀的周朝就開始南遷，並給嶺南人帶來了北方的文化和文明，同時也證明了廣州很早就是一個移民城市。相對於狗和豬來說，羊的繁殖力強，適應力也強，還有較高的經濟價值，至今廣東仍有「種薑養羊，本少利長」和「羊不離胎」之說。可見，五羊神話中的仙人騎羊，除象徵其從北方而來之外，還有心理、道德和經濟上的考慮。

如今的「羊城」已不是靠養羊發展了，它已經成為中國重要的經濟城市，是一座現代化的大都市。但是「羊城」的稱號卻一直沒有改變，可見廣州人民對這個傳說的認可。

057

三國時諸葛亮所製造的「木牛流馬」到底是什麼東西？

《三國演義》中描寫諸葛亮製造了一種運送糧草的神奇工具——木牛流馬，千百年來，這一直是個謎，真的有這種神奇的工具嗎？

木牛流馬在歷史上實有其物，最遠可追溯到春秋末期。據王充在《論衡》中記載：魯國木匠名師魯班就為其老母巧工製作過一台木車馬，能夠借助機關驅使。約一千七百年後，三國時代的諸葛亮發明木牛流馬，用其在崎嶇的棧道上運送軍糧，且「人不大勞，牛不飲食」。與王充記載魯班木車馬的寥寥數語相比，《三國志》、《三國演義》等書對諸葛亮的木牛流馬的記述可算是繪聲繪色、活靈活現、極為詳盡了。但不知為什麼，陳壽和羅貫中等對木牛流馬的製作原理和工藝卻不提一字。

《三國志．諸葛亮傳》記載：「亮性長於巧思，損益連弩，木牛流馬，皆出其意。」《三國志．後主傳》記載：「建興九年，亮復出祁山，以木牛運，糧盡退軍；十二年春，亮悉大眾由斜谷出，以流馬運，據武功五丈原，與司馬宣王對於渭南。」上述記載明確指出，木牛流馬確實是諸葛亮的發明，而且木牛流馬分別是兩種不同的工具，從木牛流馬使用的時間順序來看，先有木牛，後有流馬，流馬是木牛的改進版。

裴松之在給《三國志》作注時，對木牛的形象作了描繪，對流馬的部分尺寸作了記載，但是因為沒有任何實物與圖形存留後世，後人仍然難以識別木牛與流馬的真實面目。

據《南齊書．祖沖之傳》記載，後來南北朝時期的祖沖之據說造出了木牛流馬，但遺憾的是他同樣也沒有留下任何詳細的資料。不過這說明了三國時利用齒輪製作機械已為常見，後世所推崇的木牛流馬，應該是一種運用齒輪原理製作的自動機械。

木牛流馬究竟是什麼樣子的？是帶輪子的還是四條腿的呢？北宋的陳師道記載是一種小車，宋代高承也有相似記載。但都沒有實證材料支撐。

《三國演義》上描繪的木牛流馬可以不吃不喝還能走，這顯然是不符合現在科學上的能量守恆定律的，但誰也不知道歷史上是不是真正有過這樣一種神奇的工具。

延伸知識｜岳飛真的有《武穆遺書》遺世嗎？

《武穆遺書》被金庸描寫成一部武林祕笈，引得江湖仇殺不斷，那麼這本神祕的書是否真的存在呢？

其實岳飛一生有文武兩部著作，但世人只見其慷慨激昂的詩詞歌賦和散文（即逝後被輯成的《岳武穆遺文》），卻不見那威猛無比的岳家拳譜（即後來被輯成的《武穆遺書》）。而著名作家、「黃梅通」周濯街卻通過考證得出結論：《武穆遺書》在黃梅。

據考證，岳飛逝前將拳譜傳給岳震、岳霆，二人隱居於黃梅聶家灣，整理出《武穆遺書》，祕而不宣，且日夜操練。在黃梅縣小池鎮，岳飛第二十七代後裔岳進，是聞名鄂贛皖的岳家拳傳人。一九八六年，他參加了中國全國民間武術表演大會，他的岳家拳技壓群雄，榮獲金獎。深藏於民間的「岳家拳」和《武穆遺書》於八百年後，重新浮出水面。

作為忠烈之後，岳進深明大義，於一九八七年將古抄本《武穆遺書》捐獻給中國官方。

又傳明清之際，一個叫姬際可的人無意中在一座破廟發現了半卷《武穆遺書》，並由此創建了內家拳的第一個拳種形意拳。此後，這半卷《武穆遺書》一直作為形意拳的鎮派之寶被傳下去。

不管怎麼說，現在的《武穆遺書》並不是小說中所寫的那樣神乎其神，而傳說中的武功祕笈，只是人們的一種美好期望與想象而已。

058

「天字第一號」是怎麼來的？

一般把排在第一位或者最好的稱作「天字第一號」，這是怎麼回事呢？什麼是「天字」呢？

「天字第一號」最早的出處是明代淩蒙初《初刻拍案驚奇》卷十八：「那女眷且是生得美貌，打聽來是這客人的愛妾，日日偎了天字一號的太湖船，擺了盛酒，吹彈歌唱俱備，攜了此妾下湖。」這裡是說所租的船是最好的，第一號的，其他的都比不上了。為什麼這麼說呢？這涉及到古代的排序習慣問題。

古人排序依據的原則有很多，有按天干、地支排序的，有按東西南北方位排序的，有按春夏秋冬四季排序的等等，不一而足，沒有固定的規律。其中有一種方法就是使用《千字文》排序。「天」字是《千字文》首句「天地玄黃」的第一個字，所以被用來指第一或第一類中的第一號，比喻最高的、最大的或最強的。比如說科舉考試中的號房，第一排就是天字型大小，第一排的第一個就是天字第一號。

這種排法逐漸被認同，到現在為止，還有很多人把最好的、最高的稱為「天字第一號」，或者簡稱為「天字型大小」，都是這個意思。

延伸知識──《千字文》是古代公務員的短資訊嗎？

《千字文》成書已久，是古代一部重要的啟蒙讀物與書法範本，它的功用並不是古代公務員的短資訊作用，而是古代兒童的教科書。

《千字文》是南朝梁武帝在位時期編成的，其編者為散騎侍郎、給事中周興嗣。古人多簡稱其為《千文》，它在「三（字經）、百（家姓）、千（字文）」中雖排在最後，但其成書時間卻是最早的，也是「三、百、千」中唯一確切知道成書時間和作者的一部書。

《梁史》中說：「上以王羲之書千字，使興嗣韻為文。奏之，稱善，加賜金帛。」唐代的《尚書故實》對此事作了進一步的敘述，該書說：梁武帝蕭衍為了教諸王書法，讓殷鐵石從王羲之的作品中拓出了一千個不同的字，每個字一張紙。然後把這些無次序的拓片交給周興嗣，讓他編成有內容的韻文。周興嗣用了一夜時間將其編完，累得鬚髮皆白。這件事在唐宋兩代多有記載，如《劉公嘉話錄》《太平廣記》等書都曾加以記錄，其內容與《尚書故實》基本相同。

《千字文》問世一千四百多年來的流傳表明，它既是一部優秀的童蒙讀物，也是中國優秀傳統文化的一個組成部分，得到了人們的普遍重視和喜愛，這足以使它流傳到將來。《千字文》在中國古代的童蒙讀物中，是一篇承上啟下的作品。其優美的文筆，華麗的辭藻，是其他任何一部童蒙讀物都無法望其項背的。

直到今天，《千字文》仍然受到很多愛好古文的人士喜愛，有的還用來作為孩子的啟蒙讀物，可見其影響之深遠。

059

「不管三七二十一」指對什麼事情都不管不顧，為什麼用這個數位？怎麼不說「不管三五一十五」呢？

日常口語中經常用「不管三七二十一」來表示對什麼事情都不管不顧，不問是非情由，不分青紅皂白，一味蠻幹。那麼為什麼用這幾個數位呢？難道不能說「不管三五一十五」或者其他的數位嗎？

「不管三七二十一」這個俗語來源於齊國，與歷史上著名的辯士蘇秦有關。

蘇秦在歷史上可是赫赫有名的大人物，他字季子，洛陽乘軒里人，是戰國時期與張儀齊名的縱橫家，靠三寸不爛之舌遊說諸侯，與秦國對抗。蘇秦出身在一個農民家庭，但從小就胸懷大志，熟讀經書與兵書，立志要做出一番大事業。他曾隨鬼谷子學習縱橫捭闔之術多年，後來與趙秦陽君共謀，發動韓、趙、燕、魏、齊諸國「合縱」，延緩了秦國的統一步伐。

當初，蘇秦到了齊國都城臨淄，見到了齊宣王，進行遊說抗秦。蘇秦說：「齊國都城臨淄有七萬戶，我私自計算了一下，每戶按三個男子服役，這就是三七二十一萬兵，用不著再往別處徵兵，僅臨淄一城，就足夠了。」蘇秦的這個演算法，顯然有些誇大，當時臨淄全城不可能達到每戶都出三個男子當兵。即使男子，也不一定都能從軍，因為還有老、幼、病、殘在內。所以當時有些齊國人就說蘇秦只知瞎吹，「不管三七二十一」。

後來，「不管三七二十一」就成了貶斥那些缺乏實際經驗、憑主觀臆斷的人的代名詞，由於這個原因，因此只能說「三七」，而不能用「三五」等其他的數位來代替。

延伸知識 「十五個吊桶打水——七上八下」形容內心十分不安，為什麼是「十五」個吊桶，而不是其他數目呢？

「七」和「八」這兩個數位在中國文化中有些獨特之處。比如在中國的成語和民間俗語中，「亂七八糟」、「七零八落」、「七顛八倒」、「十五個吊桶打水——七上八下」等等，都與七、八有關。有意思的是，這些詞語形容和描述的，往往是某種混亂的、無規律的、不確定的情形。

在古代先民思想中，「七」和「八」這兩個數位與人們對自然界規律的某些認識有關，因而具有一些特定的內容。在自然界，日出日落，月圓月缺，寒來暑往，草木榮枯，種種現象都有一定周期性。古人早就發現，月亮的每一個變化周期為二十八天，在此期間，月亮每天在天空上所處的位置，是一個「星宿」。同時，根據「朔」、「望」、「上弦」、「下弦」的不同月相，分為四個階段，每個階段恰巧是七天。在這樣一個周期內，由於太陽、月亮對地球的引力作用，人的情緒、心理以及生理機能都會有所變化。當人們對這類變化無法解釋的時候，很容易產生對「七」這個數位的神祕感。

「八」也與天文有關，比如古人從對太陽的變化規律中確定了四季，同時選定了立春、春分，立夏、夏至，立秋、秋分，立冬、冬至這八個主要節氣。又進一步排出二十四節氣，七十二候。另一方面，「八」更與地理有關。在有了初步的對地理方位的認識之後，古人分辨出了東、西、南、北、東南、西南、東北、西北等方位，並將天下劃為八方。或許從那時起，「八」被賦予了一種涵蓋最廣，帶有極限意義的含義。特別是傳說中伏羲演八卦，用乾、坤、震、巽、坎、離、艮、兑八個字對天下萬物進行了一次集大成式的分類工作，對天上地下人世間幾乎所有的事情都用八卦的一套理論去解釋、推演，由此，「八」的神聖性、權威性讓人感到敬畏。

可能正因為這些原因，所以古人把「七」和「八」連在一起，把混亂無序的事情形容成「七上八下」。

060

為什麼岔開話題時叫「顧左右而言他」？

對誰岔開話題、轉移注意力的做法可以形容為「顧左右而言他」。這句話的出處是《孟子．梁惠王》，是孟子和齊宣王的一段對話，表達了孟子希望國君能夠禮賢下士，注重國家治理的思想，同時也顯現了孟子層層遞進的規勸技巧。

孟子開始舉了一個例子，對齊宣王說：「在您的國家之內，有一個人要到楚國去，所以把老婆孩子交托給他的朋友，請予照顧。等到他回來的時候，才知道他的老婆孩子一直在受凍挨餓，那位朋友根本沒有盡到照顧的責任。你說這該怎麼辦？」

齊宣王答道：「和他絕交！」

孟子又說：「有一個執行法紀、掌管刑罰的長官，卻連他自己的部下都管不了。你說這該怎麼辦？」

齊宣王說：「撤他的職！」

最後，孟子說：「全國之內，政事敗亂，人民不能安居樂業。你說這又該怎麼辦？」

「王顧左右而言他」，齊宣王望著兩旁站立的隨從，把話故意扯到別處去了。這裡的「左右」指站在殿上的隨從或者大臣，「他」指其他的事情。齊宣王這時候才知道孟子前面所說的話就是為了引出最後的規勸，是直接針對自己的統治而言的。他不願意，或者說沒法正面回答孟子的質問，所以看著其他人，有意扯開了話題。

對於別人當面提出的問題，避而不答，裝作沒有聽見，眼睛望著別處，把話頭扯開。形容這類情況，後來就常常引用「王顧左右而言他」這句話，或者說作「顧左右而言他」。

延伸知識——一般形容害怕時常說「噤若寒蟬」，為什麼會有這樣的比喻呢？

形容誰害怕時常用「噤若寒蟬」一詞，是說像深秋的蟬那樣不說話，比喻有所顧慮而不敢說話。為什麼會有這樣的比喻呢？

這個成語出自南朝宋范曄《後漢書．杜密傳》：「劉勝位為大夫，見禮上賓，而知善不薦，聞惡無言，隱情惜己，自同寒蟬，此罪人也。」

東漢末年，有個文人叫杜密，剛正不阿，他任太守等職期間，參加過打擊宦官集團的行動，他執法嚴明，對宦官子弟有惡必罰，有罪必懲。杜密後來因為得罪了權貴，被革職回潁川老家。在家他仍關注國家大事，經常拜會潁川郡守、縣令，暢談天下大事。可是同郡的原在四川任蜀郡太守的劉勝辭官回家，與他卻迴然相反，閉門謝客，什麼都不做了。

潁川太守王昱找杜密說：「劉勝清高，公卿屢次推舉他任職，他都拒絕了。」杜密聽出王昱話中有話，提醒他出來做官，直言道：「像劉勝這樣的人應當為國為民多做些事情。但是他對好人不予舉薦，對惡人壞事不敢揭露批評，明哲保身，一聲不吭，就像冷天的知了（寒蟬），實乃當世之罪人；而我與他相反，讓你賞善懲惡，為你盡微薄之力。」

後世就將這個典故概括為「噤若寒蟬」，來指膽小怕事的人。

061

「網開三面」是怎麼變成「網開一面」的呢？

寬恕人或事的時候常說「網開一面」，其實這個成語原來是「網開三面」，怎麼最後會少了「兩面」呢？

「網開一面」的出處是《史記．殷本紀》：「湯出，見野張網四面，祝曰：『自天下四方，皆入吾網。』湯曰：『嘻，盡之矣！』乃去其三面，祝曰：『欲左，左；欲右，右。不用命，乃入吾網。』」

夏桀是個極端殘暴、放蕩的人。他激起了人民的極度不滿。商部落的領袖湯，利用這個形勢，推翻了夏朝，並在西元前十七世紀早期建立了商朝。在準備這場推翻夏朝的行動中，湯贏得了廣泛的支持。

一天，湯在一片開闊的田野裡散步。他看見一個人正在捕鳥。那人張開一張像籠子般的大網，喃喃地說：「來吧，鳥兒們！飛到我的網裡來。無論是飛得高的還是低的，向東還是向西的，所有的鳥兒都飛到我的網裡來吧！」

湯走過去對那個人說：「你這種方法太殘忍了！所有的鳥都會被你捕盡的！」

一邊說著，湯砍斷了三面網。然後，像做祈禱那樣，他輕輕地低聲說道：「哦，鳥兒們，喜歡向左飛的，就向左飛；喜歡向右飛的，就向右飛；如果你真的厭倦了你的生活，就飛入這張網吧！」

其他部落的首領得知這件事後都非常感動。他們說：「湯真是一位賢王啊！他對鳥獸都如此仁慈，何況是對人呢？」不久就有四十多個部落宣誓效忠湯。

「網開三面」這個成語就是由此而來的。後來，人們把它改為「網開一面」，可能是不期望能有「三面」都敞開的好事，只要放開「一面」就已經是極大的寬容了，所以去掉了「兩面」。

延伸知識——「一問三不知」表示什麼都不知道，是什麼問題這麼難，問一次卻「三」不知呢？

「一問三不知」表示什麼都不知道。這句話是怎麼來的呢？據《左傳．哀公二十七年》記載，文子說：「君子之謀也，始衷終皆舉之，而後入焉。注謀一事，則當慮此三變，然後入而行之。所謂君子三思之義。今我三不知而入之，不亦難乎？」

西元前四六八年，晉國的荀瑤率兵攻打鄭國，齊國為防止晉國強大，就派陳成子帶兵援鄭。有個名叫荀寅（文子）的部將報告陳成子說：「有一個從晉軍來的人告訴我說，晉軍打算出動一千輛戰車來襲擊我軍的營門，要把齊軍全部消滅。」

陳成子聽了，罵他說：「出發前國君命令我說：『不要追趕零星的士卒，不要害怕大批的人馬。』晉軍即使出動超過一千輛的戰車，我也不能避而不戰。你方才竟然講出壯敵人威風滅自己士氣的話，回國以後，我要把你的話報告國君。」

荀寅自知失言，於是感慨說：「聰明人謀劃一件事情，對事情的開始、發展、結果這三方面都要考慮到，然後才向上報告。現在我對這三方面都不知道就向上報告，真是有欠考慮哦。」

因此這裡所提的「三不知」，即對一件事情的開始、經過、結局都不瞭解。

後人據此演化出「一問三不知」這個詞來。

062

「撈油水」是獲得額外好處的代名詞，它與「油水」有什麼關係嗎？

「撈油水」被作為獲得額外好處的代名詞，為什麼會這樣呢？是什麼油水可以去撈呢？

據民間傳說，從前有一戶人家，夫妻生活比較拮据。一天早上丈夫出門幹活去了，妻子到街上肉店去買肉，要付錢時才想起家裡已經是分文皆無了，只好對肉店老闆撒謊：「老闆，對不起，我忘了帶銀兩，肉我先拿回去，馬上來付錢，你等著。」

肉拿回家後，她知道這老闆是不肯賒帳的，眼睜睜看著肥得流油的豬肉買不到手，很不甘心。她想來想去，想了一個辦法：把這肥肉拿到鍋裡去洗，洗來洗去，水面浮起了一層油，她就用這一鍋油水來煮飯吃，把那塊肥肉退還給肉店。

中午，她丈夫回來吃飯時覺得奇怪：「咦，今天的飯怎麼這樣好吃呢？你放了什麼東西？」丈夫話音剛落，妻子就破口大罵：「你這窮鬼，家裡窮得分文沒有，哪裡還有肉吃啊？如果不是我想辦法，哪裡有這樣好吃的飯呢？」

丈夫被罵得莫名其妙，妻子把買肉的事說了一遍後，等著他表揚自己，誰知丈夫脾氣更暴躁，聽了一半罵個不停：「你這傻婆娘，你怎麼不把這刀肥肉拿到水缸裡去洗呢？假使放到水缸裡洗，不就有十來天好吃的嗎？」

夫妻倆連打帶罵，大吵大鬧。隔壁鄰居都趕來，聽了之後，感到非常可笑，於是故意說：「天下怎麼會有這樣笨的女人？怎麼不把肥肉放到河裡去洗？假如放到河裡洗，我們大家舀河水煮飯，那麼全村人不是都可以吃到油飯了嗎？」

後來，舀油水煮飯的事情傳開了，人們把那些貪小便宜的人都以「舀油水」作比方，慢慢的「舀油水」變成了「撈油水」。「撈油水」這個俗語也就這樣流傳下來了！

延伸知識——「分一杯羹」分的是什麼羹？這「羹」真的好吃嗎？

現在把想分得一點利益叫「分一杯羹」，這個成語說的是漢高祖劉邦的故事。

據司馬遷《史記．項羽本紀》記載：「彭越數反梁地，絕楚糧食，項王患之，為高俎，置太公其上，告漢王曰：『今不急下，吾烹太公。』漢王曰：『吾與項羽俱北面受命懷王，曰「約為兄弟」，吾翁即若翁，必欲烹而翁，則幸分我一杯羹。』項王怒，欲殺之。項伯曰：『天下事未可知，且為天下者不顧家，雖殺之無益，只益禍耳。』項王從之。」

當年漢王劉邦從鴻門宴上逃走之後，整頓軍馬，與項羽爭天下。先派大將彭越引兵渡黃河，在東阿出擊項羽。後又親率大軍渡河，與項羽在廣武對峙數月，互有勝負。彭越則不斷地襲擊項羽的糧草，使項羽首尾不能相顧，疲於奔命。

項羽對此十分惱怒，就做了一個高腳跟的大鍋，把劉邦的父親劉太公放在鍋上，停放在一個地勢較高的地方，故意讓劉邦看見，然後對劉邦說：「你現在如果不快快投降，我就烹殺太公！」劉邦回答說：「我們都是楚懷王的舊臣，在懷王面前，北面受命，懷王曾讓我們約為兄弟，所以我的父親就是你的父親，如果你一定要烹殺你的父親，就請你也給我分一杯羹吧。」項羽大怒，準備殺掉劉太公。項伯勸他說：「現在天下未定，而且為天下總不顧及家，把他殺掉了只能得一個罵名，也沒什麼好處。」項羽聽了，對此無可奈何，只好作罷。

劉邦這樣說，其實只是權宜之計。但後世卻逐漸把「分一杯羹」當作分得利益的意思了。

063

稱幫兇作「狗腿子」是什麼意思？與狗有關係嗎？

據傳說，從前有個神醫叫鬼谷子。無論什麼毛病，只要他用手一摸就好，遠遠近近的老百姓都來請他看病，他從來不肯收錢。

神醫的消息傳到了縣官老爺的耳朵裡。這個老爺腿上正好生了一個瘡，就派王解差去叫鬼谷子醫腿。這王解差平時專門靠拍馬屁吃飯，仗主人的權勢欺壓老百姓，引起很大的民憤。鬼谷子性格很拗，推三阻四不肯去。縣官老爺叫王解差用繩子把鬼谷子捆到了縣衙門。老爺把腿上的瘡給鬼谷子看，鬼谷子講：「你的腿不會好的，除非換一條腿。」老爺講：「只要我的腿能走路，就換一條吧。你拿什麼腿來換呢？」鬼谷子說：「你監牢裡關著許多犯人，讓我去看一看，有沒有好腿。」老爺答應了，打開各間牢門，鬼谷子一看，都是一些交不起租的窮人。

鬼谷子走到老爺面前說：「窮人的腿都太瘦，一條也不能用。」老爺說：「那就從衙門人裡挑吧。」鬼谷子看看旁邊站著的王解差說：「這個王解差的腿或許能用。」縣官馬上下令把王解差的一條腿斬了下來。鬼谷子把它裝到老爺身上，老爺就能走路了。

這個王解差一條腿沒有了，不能走路，就大喊大叫，求鬼谷子給他想辦法。鬼谷子說：「沒有人腿好用，只有狗腿了。」王解差求腿心切，說狗腿也行。鬼谷子就給他裝上一隻狗腿。從此，那王解差走路就一瘸一拐了。

後來，老百姓見到王解差就叫他「狗腿子」，時間久了，「狗腿子」就成了幫兇的專用名詞了。

延伸知識｜形容壞人沆瀣一氣是「同流合汙」，它有什麼來歷嗎？

「同流合汙」是「同乎流俗、合乎汙世」的簡化，這個詞出自《孟子．盡心下》：「同乎流俗，合乎汙世。」是孟子有一次與他的學生萬章談起的。

孟子是古代著名的思想家，他師承子思（一說是師承子思的學生），繼承並發揚了孔子的思想，成為僅次於孔子的一代儒家宗師，有「亞聖」之稱，與孔子並稱為「孔孟」。

孔子很厭惡那些八面玲瓏，慣會奉承討好的人。這種人雖然在鄉里被稱作好人，但實際上是言行不符、偽善欺世的偽君子，是道德的破壞分子。於是萬章問孟子道：「既然人們都稱他們是好人，他們自己也處處表現出是個老好人，為什麼孔子還要稱之為道德敗壞者呢？」孟子答道：「這種人『同乎流俗，合乎汙世』（對世俗的不合理現象只會附和），看似好人，實際卻根本不能發揮好的作用。」

後人於是把這個詞簡稱為「同流合汙」，指壞人沆瀣一氣，或者說是臭味相投。

064

「醜八怪」一詞是怎麼來的？真的指人長相難看嗎？

一般形容某人相貌醜陋時常用「醜八怪」一詞，其實這個詞原來並不是指相貌的，它來源於「揚州八怪」。

「揚州八怪」指的是趣味相投畫風相似的一批人，但「揚州八怪」究竟指哪些畫家，說法不盡一致。有人說是八個，有人說不止八個，所指人物也各不相同。據各種著述記載，計有十五人之多。其中李玉芬《甌鉢羅室書畫過目考》是記載「八怪」較早而又最全的，所以一般人還是以清末李玉芬所提出的八人為準，即：汪士慎、鄭燮、高翔、金農、李鱓、黃慎、李方膺、羅聘。至於有人提到的其他畫家，如閔貞、高鳳翰、李勉、陳撰、邊壽民、楊法等，因畫風接近，也可以併入。因此不妨把「揚州八怪」看做是一個畫派，一個團體，「八」既可看作數詞，也可當作虛指。

「八怪」中尤以鄭燮、金農、汪士慎最為著名。這些人在當時所謂的正統畫派眼裡，一是做人不合時宜、我行我素，二是作畫我從我法、推陳出新。所以被蔑稱為「醜八怪」。然而，他們的怪異又入情入理，很被廣大百姓喜愛，因此，一方面被主流畫家和上層社會所攻擊、不容，一方面又深受大眾喜愛，名氣大振。

「揚州八怪」究竟「怪」在哪裡？「八怪」都經歷坎坷，他們有著不平之氣，憑著知識分子的敏銳洞察力和善良的同情心，對醜惡的事物和人加以抨擊。但他們的日常行為，都沒有超出當時禮教的範圍。所謂的「怪」，是指他們的書畫等藝術作品的風格而言的。

「八怪」不願走別人已開創的道路，而是要另闢蹊徑，不同於古人，不追隨時俗，風格獨創。他們的作品有違人們欣賞習慣，人們覺得新奇，也就感到有些「怪」了。當時人們對他們褒貶不一，其中最主要的一點，就是偏離了「正宗」，這就說明了它所以被稱之為「怪」的主要緣由。

後來從「揚州八怪」演變出來的「醜八怪」一詞，卻把這種藝術上的怪異當作描述相貌了。

延伸知識—「金屋藏嬌」的成語有什麼典故嗎？

「金屋藏嬌」一般被用來形容家有美女或者嬌妻，那麼真的是有「金屋」嗎？「嬌」又是指誰呢？

這個成語的主人公是漢武帝劉徹及其皇后陳阿嬌。漢武帝劉徹的表姐陳氏小名阿嬌，世人又稱她為陳阿嬌或陳嬌。據漢班固《漢武故事》記載：「帝以乙酉年七月七日旦生於猗蘭殿。

年四歲，立為膠東王……膠東王數歲，公主抱置膝上，問曰：『兒欲得婦否？』長主指左右長御百餘人，皆云不用。指其女：『阿嬌好否？』笑對曰：『好。若得阿嬌作婦，當作金屋貯之。』長主大悅，乃苦要上，遂成婚焉。」劉徹幼小時喜愛表姐陳阿嬌，並當眾承諾如果能娶到阿嬌做妻子，會造一個金屋子給她住。因此，後人把這件事情總結為「金屋藏嬌」，比喻家中藏有一個可愛而美麗的夫人。

後來劉徹當了皇帝，果然娶阿嬌為皇后。這個「金屋藏嬌」的故事似乎有著圓滿的結局，但事實卻並非如此。

陳皇后出身顯貴，自幼榮寵至極，不肯逢迎屈就，所以與漢武帝漸漸產生裂痕。加上陳皇后一直沒有生育，武帝遂愈來愈疏遠她。劉徹二十七歲時，以「巫蠱」的罪名頒下廢后詔書，把陳皇后幽禁於別宮長門宮內，衣食用度皇后待遇不變。幼時的承諾此時都已忘卻了。「金屋藏嬌」成了一個最終被拋棄的悲劇。

065

「騎虎難下」形容進退兩難，為什麼不說騎「豹」難下？

虎是比較兇猛的野獸，很難騎上去，當然就更難下來了。但為什麼偏偏是「虎」呢？豹子、獅子等等，不都是很難騎、也很難下的嗎？

「騎虎難下」比喻做一件事情進行下去有困難，但情況又不允許中途停止，陷於進退兩難的境地。這句成語的出處是《晉書．溫嶠傳》：「今之事勢，義無旋踵，騎猛獸安可中下哉。」最初說的就是騎「猛獸」，包括了所有的兇猛的動物。

東晉成帝的時候，大臣溫嶠組織了一支聯軍去討伐叛軍。在戰爭的初期，有幾路聯軍連連失利，軍中糧食也快用完了。這種境況很讓主帥陶侃著急，他生氣地對溫嶠說：「你動員我來時，說一切都已安排妥當，現在交戰不久，軍糧就快完了，如果不能馬上供應軍糧，我只有撤軍。」

溫嶠對陶侃說：「自古以來，要想打勝仗，首先得內部團結。現在我軍雖然乏糧，處境困難，可如果馬上撤軍，不僅會讓人恥笑，而且也會使叛軍更加囂張。我們目前的處境，正如騎在猛獸的身上，不把猛獸打死，怎麼能夠下得來呢？」

陶侃接受了溫嶠的勸說，率軍奮勇殺敵，終於打敗了叛軍。

唐李白在《留別廣陵諸公》詩中寫道：「騎虎不敢下，攀龍忽墮天。」溫嶠勸說陶侃的「騎猛獸安可下哉」一句話，到這裡演變成了成語「騎虎難下」，表示事情發展到一定程度想要停下來已經不可能，含有進退兩難的意思，於是「騎虎難下」這個成語就一直流傳下來。

延伸知識　《三國演義》中關羽、張飛、趙雲、馬超、黃忠被封為「五虎上將」，赫赫有名，歷史上真的有「五虎上將」嗎？

在《三國演義》中，「五虎上將」威震華夏，為劉備立下赫赫戰功，也為後人所敬仰。歷史上真的有「五虎上將」嗎？

在羅貫中的長篇歷史小說《三國演義》中，劉備封手下的五員猛將關羽、張飛、趙雲、馬超、黃忠為「五虎上將」。《三國演義》的文學價值、藝術價值，甚至娛樂價值都是不容質疑的，但演義畢竟是一部小說，雖然大約不甚違背史實，但大部分內容仍然出自於作者所杜撰。而後人缺乏仔細的考證，卻把小說當作了歷史。

不過「五虎上將」也並非是毫無根據的。陳壽《三國志》中作傳的原則，是把歷史地位相同的人為一傳。而在《蜀書・關張馬黃趙傳第六》中，把關、張、馬、黃、趙這五個人列在一起，也足以說明這五人在蜀漢陣營中的地位。不過排序上卻與《三國演義》上有所出入，趙雲是位列最後一名的。但《三國志》中沒有具體記載這五個人是否封為「五虎上將」，而在《華陽國志》就提到：關羽為前將軍，張飛為右將軍，馬超為左將軍，皆假節鉞；又以黃忠為後將軍，趙雲為翊軍將軍。這裡趙雲的「翊軍將軍」為雜號，具體有什麼職權就不得而知了。

看來五個人確實同為將軍，但封號並沒有放在一起稱「五虎上將」。可能是民間流傳中，將五位將軍合在一起並稱，同時賦予了一個威猛的稱號：五虎上將！

066

為什麼稱兩個東西一模一樣為「雷同」？

「雷同」的最早出處是《禮記》。

古時有一種說法，打雷時萬物都會同時回應。《禮記．曲禮》上：「毋剿說，毋雷同。」漢代鄭玄注：「雷之發聲，物無不同時應者。人之言當各由己，不當然也。」意思是說，打雷的時候，萬物都同時回應。人應該用自己的心去斷其是非，不要取他人之說以為己語，像萬物聞雷聲而應那樣。所以「雷同」還有「隨聲附和」的意思，《漢書．劉歆傳》：「或懷妒嫉，不考情實，雷同相從，隨聲是非。」就是指隨聲附和。

「雷同」在現在漢語中「附和」的含義基本上已經不用了，多用來指兩個東西一模一樣。

延伸知識｜「倒楣」為什麼是「遇事不利」、「不走運」的意思？

「倒楣」一詞是江浙一帶的方言，指做事不順利或運氣不好，它的產生與科舉制度有關。大約在明朝末年，「八股取士」的科舉制度已經使讀書人中舉愈發艱難，加上考場舞弊的風氣盛行，所以一般的讀書人要想中舉是極不容易的。為了求個吉利，舉子們在臨考之前一般都要在自家門前豎起一根旗杆，當地人稱之為「楣」。考中了，旗杆照豎不誤，考不中就把旗杆撤去，叫作「倒楣」。後來，這個詞被愈來愈多的人用於口語和書面，直到現在。

當然了，科舉時放榜並不是用旗杆來表示，而是有著固定的流程。古代的科舉考試先後有三榜：桂榜、杏榜和黃榜。「桂榜」是鄉試錄取舉人的公告榜，因放榜時正值桂花盛開而得名；「杏榜」是會試錄取貢士的公告榜，因放榜時正值杏花盛開而得名；「黃榜」則是殿試之後朝廷發布的錄取進士的公告榜，這雖是用皇帝名義發布的公告榜，但卻不叫「皇榜」，而是因該榜以黃紙書寫的緣故名為「黃榜」。「黃榜」也叫「金榜」，且有大小之分：「小金榜」由奏事處進呈於內，「大金榜」則由內閣學士加蓋「皇帝之寶」的大印後張掛於外，這「大金榜」就是通常所說的「黃榜」了。

應該注意的是，在使用「倒楣」這個詞語過程中，人們常把這兩個字寫作「倒眉」或「到楣」，這是由於不懂得它的來源的緣故。

067

「青出於藍」的「青」、「藍」是指顏色嗎？

「青出於藍」這個成語是說青從藍草中提煉出來，但顏色比藍草更深。這句話出自先秦荀況《荀子．勸學》：「青，取之於藍而勝於藍；冰，水為之而寒於水。」那麼它的具體含義是什麼呢？

「青」是指靛青，即靛藍；「藍」是指藍草，泛指可以用於製作靛藍染料的數種植物的統稱，如菘藍、蓼藍、木藍等。這句話的原意是指靛青染料是從藍草中提煉出來的，但顏色比藍草更深。植物的顏色一般都是綠色的，那是由於含有葉綠素的緣故，各類藍草也不例外。而靛青的顏色卻並不是葉綠素構成，而是由兩分子吲　酚縮合成為的深藍色的靛藍分子。因此，「青」（靛青）的顏色自然要比「藍」（藍草的自然綠色）要深得多。這就是「青出於藍而勝於藍」的道理。

這個原理的發現據說很偶然。

早在秦漢之前，人們尚不知道靛藍染料的還原染色機理，只是在菘藍收穫的季節，將藍草割下後切碎浸泡出色液之後，盡快將此染液用於染色。這個過程一般很短，因此，當時在藍草收穫季節裡，染匠們的工作是十分繁忙的。

有一次，一個染坊的兩位染匠忙累了一天，還是沒有把要染的布染完，而池子裡的染液眼看就要全部變成藍色的泥漿了。第二天，工人發現染池上面浮著許多泡沫，用染棒一攪，昨天沉澱的藍泥不見了！二人十分驚奇，連忙用一塊白布放進去浸泡，結果拿出來一看，不是原來的藍色而是黃褐色，正在失望之際，那黃褐色的布卻慢慢地變成了藍色！無意地發現，再也用不著擔心藍草染液沉澱了，而且正可以利用它生成沉澱的原理來長期保存這種染料。

後來「青出於藍而勝於藍」這句話就被引申為老師培養出超過自己的學生，或者後輩勝過前輩。

一延伸知識一景泰藍是藍色的嗎？

景泰藍是一種瓷銅結合的獨特工藝品，它是不是只有藍色一種顏色呢？

景泰藍這項工藝始於明代景泰，而且初創時確實只有藍色，所以叫「景泰藍」。現在雖然各色具備，然而仍然使用以前的名字。後來景泰藍已變為一種工藝的名稱，而不是顏色的名稱。

景泰為明景帝朱祁鈺年號。景帝為宣宗之子，宣宗重視銅器以及鑄冶銅質，景帝在幼年期間耳濡目染，並且特別善於鑽研，只是對於鑄煉方面，宣宗時期已到達絕頂，沒有能力再求突破，於是在顏色方面另闢蹊徑，以圖出奇制勝，終於有景泰藍的創制。

景泰藍造型特異，製作精美，圖案莊重，色彩富麗，金碧輝煌，具有鮮明的民族特色，是中國金屬工藝品中的重要品種。在明代景泰年間（一四五〇～一四五六）最為盛行，又名「銅胎掐絲珐瑯」。製作景泰藍先要用紫銅製胎，接著工藝師在上面作畫，再用銅絲在銅胎上根據所畫的圖案黏出相應的花紋，然後用色彩不同的珐瑯釉料鑲嵌在圖案中，最後再經反復燒結，磨光鍍金而成。景泰藍的製作既運用了青銅和瓷器工藝，又加入了傳統手工繪畫和雕刻技藝，堪稱中國傳統工藝的集大成者。

068

「紳士風度」的「紳士」是什麼意思？它是外來語嗎？

「紳士」常常作為評價一個人的言行舉止來使用，其實最初並不具有這樣的含義。

中國古代社會等級森嚴、尊卑分明，紳士即是其中一個特定等級階層的稱謂。「紳」，本是表示等級身分的一種服飾，指的是古代士大夫束在外衣的大帶，「古之仕者，重紳插笏」。由「紳」的涵義引申為「束紳之士」，簡稱為「紳士」，並進而特指有一定地位和身分的士大夫階層。

但古代士大夫僅指當官的讀書人。隨著科舉制度的發展，到了明清之際，謀取功名的讀書人不斷增多，很多人雖然取得功名，卻不能為官。所以，人們就把那些不曾為官的科舉士子統稱為「士」。當時，「紳」與「士」有著本質的區別。到了近代，這種區別逐漸消除，無論當官不當官，一概稱之為「紳士」。在近代社會中，紳士有著特殊的地位，非官而近官，非民而近民，是高於平民的一個封建等級階層。後來逐漸演化為男士彬彬有禮，也稱紳士，或者說具有紳士風度。

延伸知識——「導演」一詞是從什麼時候開始出現的？

導演作為電影藝術創作的組織者和領導者，是把電影文學劇本搬上銀幕的總負責人。作為電影創作中各種藝術元素的綜合者，導演組織和團結攝製組內所有的創作人員和技術人員，發揮他們的才能，使攝製組人員的創造性勞動融為一體，其作用舉足輕重，這個名字是怎麼產生的呢？

二〇年代初期，有一名叫陸潔的青年創辦了中國影史上最早的影刊《影戲雜誌》。有一次陸潔在編《影戲雜誌》的稿件時，偶然發現一篇文章裡有個「Director」的英文單字，便試圖把這個單字翻譯出來，可是他怎麼也想不出確切的中文譯名。不久，他的朋友在信中說已當上了學校的「教習」。陸潔一讀到「教習」二字，腦子裡立刻跳出了「導演」這個詞，「導演」這個中文譯名就這樣產生了。

現在的導演已經不局限在電影了，在晚會、大型活動等等方面，都有導演了，而且這個名詞有時也可做動詞使用，語意已經有所擴大。

069 稱海外華人為「海外赤子」，這是從什麼時候產生的？「赤子」又指什麼？

現在經常把海外華人稱作「海外赤子」，這是怎麼來的呢？

其實「赤子」一詞在古代指初生的嬰兒，喻其心靈純潔。《孟子．離婁下》載：「大人者，不失其赤子之心者也。」孔穎達疏：「子生赤色，故言赤子。」後來將「赤子」一詞引申為子民百姓，最早見於《漢書．龔遂傳》：「故使陛下赤子，盜弄陛下之兵於潢池中耳。」這裡的「赤子」已經指百姓了。

那麼「海外赤子」一詞是怎麼演進的呢？

唐貞觀年間，唐太宗殿試射箭比賽，有大臣對太宗說：「人們張弓挾矢立在殿前，離您這麼近，萬一有狂妄之徒暗中發射，您防備不周，將危及社稷。」

太宗對大臣說：「王者視四海為一家，封域之內，皆朕赤子，朕一一推心置其腹中，奈何宿衛之士亦加猜忌乎？」後來便從中引出「海內赤子」一語。

而「海外赤子」則是從「海內赤子」轉換而來的，海外僑胞熱愛祖國，所以把自己稱作「海外赤子」，意指自己不論身在何地，都是祖國母親的忠誠兒女，都是中華的赤子。又因為身在海外，所以稱「海外赤子」。

延伸知識｜「留學生」一詞的來歷

「留學生」這個詞是日本人創造的，與日本在唐朝時派往中國的遣唐使有關。唐朝時，日本政府為了吸取中國的先進文化，曾多次派遣唐使來中國。

從西元七世紀初至九世紀末約兩個半世紀裡，日本為了學習中國文化，先後向唐朝派出十幾次遣唐使團。其次數之多、規模之大、時間之久、內容之豐富，可謂中日文化交流史上的空前盛舉。遣唐使對推動日本社會的發展和促進中日友好交流作出了巨大貢獻，成為中日文化交流的第一次高潮。

遣唐使於西元八九五年廢止，其原因除了唐朝政局動蕩不安外，還有經過二百多年的吸收移植唐代文化，已基本上完成改革；並在此基礎上開始萌生具有日本特色的國風文化，因此對中國文化學習的需求已不那麼迫切。而且每次遣唐使耗費巨大，加上路程艱辛，也令使臣視為畏途。而唐朝赴日貿易也不斷增加，彌補了過去靠遣唐使解決對唐貨的需求。西元八九四年，宇多天皇接受了已任命而未出發的第十九次遣唐大使的奏請，於次年正式宣布停派遣唐使。

遣唐使團是外交使節，在中國停留的時間不能過長，因而難以更好地吸取中國的先進文化。所以日本政府從第二次派遣遣唐使起，就同時派遣「留學生」和「還學生」。所謂「留學生」就是當遣唐使等回國後仍然留在中國學習的學生，「還學生」則在遣唐使回國時一起回國。

後來，「留學生」這個詞就一直沿用下來，其語義也有了變化發展：凡是留居外國學習或研究的學生，都稱作「留學生」。

070

「井水不犯河水」，為什麼是「井水」而不是「江水」、「海水」呢？

大家經常用「井水不犯河水」比喻各管各的，互不相犯。這句話的出處是清曹雪芹《紅樓夢》第六十九回：「我和他『井水不犯河水』，怎麼就沖了他？」為什麼會說「井水不犯河水」呢？「井水」和「河水」的背後有什麼潛在含義？

中國古代先民最早是生活在河水旁邊，因此長江、黃河孕育了勤勞善良的中華民族。居住在河邊，汲水方便，而且河谷地區土壤相對肥沃。先民以遊牧為主，生活地點基本上是因氣候或自然環境而定的，所以經常遷徙。

井的發明是人類歷史上一個偉大的、影響深遠的發明。有了井之後，先民就擺脫了依賴自然氣候的制約，以往僅僅居住在河谷，現在基本上可以居住在任何地方了，而且有了井水，人們逐漸聚居在一起，更方便從事農業生產，才可能進一步出現城鎮，以至於出現大的城市。這樣由傳統的遊牧生活逐漸轉變為農耕生活，社會向前邁進了一大步。

因此有的歷史學者認為，「河水」其實代指的就是遊牧民族，是依賴於部落之間酋長的聯盟制度建立王朝的。而「井水」則代表的是定居，是農耕文明。在漢民族聚居的地方，更多的是農耕生活，所以非常早地建立了封建王朝。而從事遊牧的少數民族分別在漢民族的王朝周圍建立了自己的政權。

歷史上遊牧的少數民族經常侵擾中原的農耕民族，所以中國古代王朝一直邊患不斷。而以「井水」為代表的農耕民族則基本上不會主動侵擾以「河水」為代表的遊牧民族，所以有了「井水不犯河水」一說。

一延伸知識一「你走你的陽關道，我走我的獨木橋」的「陽關道」與「獨木橋」是指什麼？

人們常用一句話：「你走你的陽關道，我走我的獨木橋」，以表示二者互不相關，「陽關道」與「獨木橋」各是指什麼呢？陽關是中國古代陸路對外交通的咽喉之地，是絲綢之路南路必經的關隘，位於甘肅省敦煌市西南的古董灘附近，故址在今甘肅敦煌西南，因在玉門關之南，所以叫「陽關」。

據史料記載，西漢時為陽關都尉治所，魏晉時，在此設置陽關縣，唐代設壽昌縣。宋元以後隨著絲綢之路的衰落，陽關也因此被逐漸廢棄。舊《敦煌縣誌》把玉門關與陽關合稱「兩關遺跡」，列為「敦煌八景」之一。而今，昔日的陽關城早已蕩然無存，僅存一座被稱為陽關耳目的漢代烽燧遺址。至於陽關何時何因被掩埋，至今還無從考證。民間至今還流傳著「你走你的陽關道，我走我的獨木橋」的諺語。「陽關道」原指古代經過陽關通向西域的大道，後泛指寬闊的長路，也比喻光明的前途。

「獨木橋」則較常見，用以比喻並不是坦途，而是比較難行的路。「你走你的陽關道，我走我的獨木橋」表示互不相干，並不因為你的道路寬敞而盲從。

071

「五內俱焚」是指哪「五內」呢？

日常生活中，內心焦急時常用「五內俱焚」來形容，說內臟器官都被燒著了。那麼這個成語是怎麼來的呢？為什麼會是被燒著的感受呢？這就要提到東漢才女蔡文姬。

蔡文姬的父親是大名鼎鼎的蔡邕。蔡文姬自小耳濡目染，既博學能文，又善詩賦，兼長辯才與音律。後來董卓作亂，父親獲罪，軍閥混戰，羌胡番兵乘機擄掠中原一帶，蔡文姬與許多被擄來的婦女一起被帶到南匈奴。這年她二十三歲，而這一去就是十二年。

在這十二年中，她嫁給了匈奴的左賢王，生下兩個兒子，學會了吹奏「胡笳」，也學會了一些異族的語言。

曹操平定北方後，想到老師蔡邕沒有兒子，只有一個女兒。當他得知她被掠到了南匈奴時，立即派周近做使者，攜帶黃金千兩，白璧一雙，要把她贖回來。

蔡文姬多年被擄掠是痛苦的，現在一旦要離開對自己恩愛有加的左賢王，一時分不清是悲是喜，只覺得柔腸寸斷，淚如雨下。在漢使的催促下，她在恍惚中登車而去，在車輪轔轔的轉動中，十二年的生活，點點滴滴注入心頭，從而留下了動人心魄的《胡笳十八拍》和《悲憤詩》，在《悲憤詩》中有「見此崩五內，恍惚生狂癡」，以此來表達自己的內心痛苦。

「五內」指五臟，即心、肝、脾、肺、腎。用「五內俱焚」來形容內心的焦急與痛苦，就像這些內臟器官都被燒著一樣，充分地傳達出這種感受。

延伸知識｜五臟六腑是指哪些器官？

一般提及內臟器官時，常用「五臟六腑」來概括，那麼是指哪些內臟器官呢？

中醫的「五臟」是指心、肝、脾、肺、腎，「六腑」是指膽、胃、小腸、大腸、膀胱、三焦。五臟主要是貯藏精氣，六腑主要是消化食物，吸取其精華，排除其糟粕。

心是人體生命活動的主宰；肝有貯藏血液和調節血量的功能；脾有營養物質的消化、吸收並運輸全身的功能；肺「管呼吸，主氣」；腎有「藏精」、「生髓」、「主骨」的功能。這「五臟」是人體重要的器官，直接負責人體的呼吸、血液循環等功能。

小腸主要功能是接受食物後分別清濁；膽分泌膽汁，有助於消化食物；胃受納食物，再經脾將營養輸出，以供養全身；大腸的功能是傳導糟粕之物，通過肛門排出體外；膀胱主要是貯藏和排泄尿液；三焦不是一個獨立的臟器主體，而是按臟腑部位和功能分為三個部位：心、肺為上焦，脾、胃為中焦，肝、腎、大小腸、膀胱為下焦。這「六腑」與「五臟」，其中有重複的器官。總之，「五臟六腑」並不是人體內部器官的全部，但卻是其中最重要的一部分，它們直接決定了人類身體的運行。

072

「擲地有聲」是指什麼東西拋在地上？發出什麼樣的聲音？

是什麼東西擲在地上會發出聲音呢？很多很多。但文字擲在地上會發聲嗎？《晉書．孫綽傳》記載孫綽寫了一篇文章，和朋友說：「卿試擲地，當作金石聲也。」「金石」，鍾磬之類的樂器，聲音清脆優美。比喻文章文辭優美，語言鏗鏘有力。

晉朝人孫綽十分博學，擅長寫文章。他在浙江會稽一帶住了十多年，遊覽了這裡的山山水水，遍訪了這一帶的文人雅士。一次，他寫成一篇《遊天台山賦》，內容是描寫浙江天台山美好的自然風光。他自己對這篇文章非常得意，於是就把它拿給朋友范啟看，並說：「你試著把它扔到地上，一定能發出鍾磬那樣響亮的聲音來！」

范啟不以為然地說：「恐怕它即便能發出金石樂器般的聲響，也不能切合樂律的聲調吧？」然而范啟一讀，便讚不絕口，連連稱道：「這正是我們要說的話，太好了，太好了！」

後來，人們便用「擲地有聲」來比喻文辭優美，聲調鏗鏘；或是說話堅定有力，意義崇高。

延伸知識——「一字千金」有典故嗎？是什麼字這麼貴？

什麼字貴到「一字千金」呢？不是書法作品，而是秦國宰相呂不韋所編寫的書。

呂不韋是戰國末年衛國濮陽人，原籍陽翟（今河南禹州）。他曾遊說秦太子安國君寵姬華陽夫人，立子楚為嫡嗣。後子楚與呂不韋逃歸秦國。安國君繼立為孝文王，子楚遂為太子。次年，子楚即位（即莊襄王），任呂不韋為丞相，封為文信侯，食河南洛陽十萬戶。莊襄王卒，年幼的太子政立為王，尊呂不韋為相國，號稱「仲父」。

呂不韋執政時曾攻取周、趙、衛的土地，立三川、太原、東郡，對秦王政兼併六國的事業有重大貢獻。後因叛亂事受牽連，被免除相國職務，出居河南封地。不久，秦王政復命其舉家遷蜀，呂不韋怕被半路誅殺，於是飲鴆自殺。呂不韋執政期間，曾命手下食客編著《呂氏春秋》，有八覽、六論、十二紀，共二十餘萬言，匯合了先秦各派學說，「兼儒墨，合名法」，故史稱「雜家」。書成之後，呂不韋把「稿本」掛在首都咸陽的城門上，聲稱有能增刪一字者賞給千金。不知是因為這書實在編得好還是人們畏懼呂不韋的權勢，據說，竟沒人能夠拿走這筆高額的「修稿費」。於是，這個故事便引出了一個「一字千金」的成語。

073

「露馬腳」是怎麼來的？與「馬腳」有關係嗎？

在日常生活中，有些不想人知的事，尤其是那些弄巧成拙的事一旦敗露，人們就會說是露了「馬腳」。那麼「馬腳」是指馬的蹄子嗎？

「馬腳」並不是指馬的蹄子，而是指馬氏之腳。這個詞與明太祖朱元璋的夫人馬氏有關。相傳，布衣出身的朱元璋，自小家境貧寒，當過牛倌，做過和尚，所以，在選擇終身伴侶時，與一位同樣平民出身的馬姑娘結了婚。這位馬姑娘長著一雙未經纏過的大腳，這在當時是一大忌。朱元璋當了皇帝以後，念馬氏輔佐有功，將她封為皇后。

皇帝雖然對自己很好，但深居後宮的馬氏卻為腳大而感到不好意思，在人前從不敢將腳伸出裙外。

一天，馬皇后忽然遊興大發，乘坐大轎走上金陵的街頭。有些大膽者悄悄瞅上兩眼，正巧一陣大風將轎簾掀起一角，馬氏擱在踏板上的兩隻大腳赫然入目。於是一傳十，十傳百，頓時轟動了整個金陵。

從此，「露馬腳」一詞也就產生了，並被流傳至今。

延伸知識——朱元璋曾當過和尚，這是怎麼回事呢？

明太祖朱元璋，是大明王朝的開國皇帝。漢族，原名重八，後取名興宗，字國瑞。祖居泗州盱眙（今江蘇盱眙），生於濠州鍾離（今安徽鳳陽東北）人，祖籍古泗州城（今盱眙縣城淮河對岸），其祖父一代遷至濠州鍾離。

朱元璋二十五歲時參加郭子興領導的紅巾軍，反抗元朝統治者的暴政，郭死後統率郭部，任小明王韓林兒的左副元帥。接著以戰功連續升遷，龍鳳七年（一三六一）受封吳國公，十年自稱吳王。元至正二十八年（一三六八），在大致上擊破各路農民起義軍和掃平元朝的殘餘勢力後，於南京稱帝，國號大明，年號洪武，共在位三十一年（一三六八～一三九八），建立了全國統一的政權。

朱元璋在位期間，實行了抗擊外侵、革新政治、發展生產、安定民生等一系列有利於社會進步的政策，在政治、經濟、軍事、思想等方面大力加強君主專制的中央集權統治。鑒於元末法紀弛縱導致的各種弊端，開始使用嚴酷的法律。明朝的中央集權制度也因此達到了中國古代社會的一個頂峰。朱元璋少時窮苦，由於營養不良，瘦得皮包骨頭。朱元璋父母十分迷信，認為只有觀音菩薩才能救他一命，保佑他平平安安地活下去。於是，他們就把幼小的朱元璋送到附近的皇覺寺，並讓朱元璋拜寺裡的老和尚高彬為師。當然也有一說是朱元璋活不下去才去投奔寺院的。

總之，正所謂「英雄莫問出處」，和尚出身的朱元璋最後終登大寶，成就了一代偉業。

074

為什麼用「三寸不爛之舌」來誇獎某人的口才好？

一般用「三寸不爛之舌」比喻某人口才好，能言善辯。它的出處是《史記．平原君虞卿列傳》：「毛先生以三寸不爛之舌，強於百萬之師。」

西元前二五七年，秦軍進攻趙國，趙王派平原君到楚國去請求援兵，同時締結聯合抗秦的盟約。平原君決定帶一些門客一同前去，以幫自己出出主意。手下一個名叫毛遂的門客要求跟隨前去，平原君不知道毛遂有什麼本領，但還是把他帶上了。

平原君與楚平王談判很艱難，楚平王並不想因為幫助趙國而得罪秦國。門客們十分焦急，毛遂便自告奮勇上殿去看看情況。

毛遂按著劍從容不迫地走上了台階。楚王瞧不起他，要他退下去，他卻緊握劍柄，大步走到楚王面前說：「大王敢當著我主人的面對我如此無禮，不過是倚仗楚軍人多勢眾罷了。但現在您跟我距離不到十步，大王的性命掌握在我的手裡，楚軍再多也沒有用！」

接著，毛遂義正辭嚴地從歷史到現實分析了楚、秦兩國的關係，說明趙國派使臣來締約聯合抗秦，乃是為了救助楚國，而不只是為了趙國自己。楚王覺得毛遂說得有理，與平原君一起舉行了締約儀式。就這樣，聯合抗秦的大事圓滿辦成。

平原君回到趙國後，表揚毛遂這次的功勞說：「毛先生所講的那些話，勝過了百萬雄師！」從此，毛遂受到了平原君的重用，被奉為上賓。

後來，由此演化出成語「三寸不爛之舌」，用來形容那些善於辯論、長於遊說的人。

延伸知識——「明察秋毫」的「秋毫」是指什麼？

現在說誰目光敏銳，觀察力強，往往用「明察秋毫」這句成語，它出自《孟子．梁惠王上》：「明足以察秋毫之末，而不見輿薪，則王許之乎？」

戰國時期，齊宣王想學齊桓公那樣做霸主，他向孟子請教如何才能做上霸王。孟子告訴他要用仁義道德的力量統一天下，同時要對國情明察秋毫，體察民情。如果現在對秋天鳥獸身上新生的細毛都能看得一清二楚，但卻對眼前的一車木柴視而不見，能叫體察民情嗎？怎麼能發現能人來治理國家呢？現在不是能幹不能幹的問題，而是您願幹不願幹的問題。齊宣王聽後豁然開朗，對孟子表示感謝。

這裡的「明察」指看清的意思；「秋毫」是指秋天鳥獸身上新長的細毛。「明察秋毫」一語本來還有後半句「而不見輿薪」，是說如果一個人目光敏銳得連鳥獸身上的小毛都看得清，但眼前的一車木柴卻看不見，這能叫明察嗎？不過後人卻只取其前半句，用來形容人目光敏銳，任何細小的事物都能看得很清楚。

075

「緣木求魚」，樹上真的能捉到魚嗎？

「緣木求魚」是說沿著樹幹爬上樹去捉魚。這是怎麼回事呢？到樹上真的能捉到魚嗎？

《孟子・梁惠王上》記載了一則故事：

孟子和齊宣王談話，孟子問：「大王能給我講講您的心願嗎？是因為肥美甘甜的食物不夠口腹享受嗎？輕軟溫暖的衣服不夠身體穿著嗎？豔麗的色彩不夠眼睛觀賞嗎？美妙的音樂不夠耳朵聆聽嗎？左右的侍從不夠使喚嗎？這些對大王都是不成問題的，難道為了這些而不高興嗎？」

宣王說：「不，我不為這些。」

孟子說：「那麼，我知道大王想要什麼了，就是想擴張疆土，使秦國楚國都來臣服您，四方的民族都來朝拜您。但是憑您的做法去追求實現您的心願，真好比是爬上樹去捉魚一樣（以若所為求若所欲，猶緣木而求魚也）。」

宣王說：「不至於這樣難吧？」

孟子說：「大王現在去和秦國楚國這樣的大國作戰，想降伏他們是很難的。您為什麼不注重行仁政呢？只有仁政，才能讓天下的百姓自願地聚集到您的國家，那時候誰能阻擋大王統一天下呢？」

後來人們把孟子的話總結為「緣木求魚」這個成語。魚當然不可能生活在樹上了，所以用來比喻方向或辦法不對，徒勞而無功。

延伸知識——「首鼠兩端」怎麼會是沒有主見的意思？

「首鼠兩端」並不是指第一隻老鼠的兩頭，而是一個比喻，是說人沒有主見。這個成語出自《史記・魏其武安侯列傳》。

灌夫是漢初的勇士，大將軍竇嬰很賞識他。竇嬰是漢景帝的母親竇太后的堂侄，因為有戰功，受封為魏其侯。武帝即位以後不久，竇太后去世，竇家的勢力衰落了。這時，皇親國戚中勢力最大的要算田蚡。田蚡是漢景帝王皇后的親兄弟，也就是武帝的親舅舅，他仗著這種特殊關係，當上了丞相，對於失勢的竇嬰以及其他文武大臣，都不放在眼裡。朝廷上一些趨炎附勢的人都歸附田蚡，此時依靠竇嬰的人卻很少。灌夫因事被罷免官職，閒居在長安，他與竇嬰都有滿腹牢騷，因此關係很好，常在一起交流。

田蚡續娶時，滿朝大臣都去賀喜。灌夫很瞧不起田蚡，不願意去，竇嬰再三勸說，才勉強一同前往。在宴會上，田蚡見灌夫破口罵人，立即下令把他逮捕，把他關入監牢，並把灌家親屬全部拘禁，準備滿門處死。竇嬰一怒之下，揭露了田蚡的貪汙舞弊等罪行，田蚡也就誣控竇嬰、灌夫意圖謀反。兩大皇親一直吵到朝廷上，找皇帝評理。

漢武帝也難於決斷，就叫大臣們發表意見。御史大夫韓安國（長孺）為了不得罪雙方，就說，魏其侯說，灌夫平時有功無過，酒後失言，也沒什麼重罪的，說的在理；丞相說，灌夫胡作非為，罪應除法，這話也不錯。究竟怎麼處理，還是憑陛下聖明定奪！而其餘大臣只是敷衍了幾句，大家不歡而散。

田蚡坐車離宮，在宮門口看見韓安國正在前面走，就叫他上車同行，埋怨他道：「與長孺共一老禿翁，何為首鼠兩端？」就是說：長孺！你應當與我一起對付那個禿翁（竇嬰），為什麼首鼠兩端呢？「首鼠兩端」這個詞於是產生，指的是又要顧這頭、又要顧那頭的意思。比喻疑慮不決，像老鼠一樣多疑，總是兩頭觀望，畏首畏尾。

076

「馬首是瞻」最初是指打仗時的方向，怎麼成了聽話的代名詞？

現在說聽誰的話常用「惟誰馬首是瞻」，其實這句話是指打仗時主帥的行動方向。這句成語的出處是《左傳》。

戰國時，晉國聯合了十二個諸侯國討伐秦國，指揮聯軍的是晉國的大將荀偃。荀偃原以為十二國聯軍攻秦，秦軍一定會驚慌失措。不料景公已經得知聯軍軍心渙散，戰鬥力並不強，所以毫不膽怯，準備和他們開戰。

荀偃沒有辦法，只得硬著頭皮迎戰，他向全軍將領發布命令說：「明天早晨，雞一叫就開始駕馬套車出發。各軍都要填平水井，拆掉爐灶。作戰的時候，全軍將士都要看我的馬頭來定行動的方向。我向哪裡跑，所有的將士都要跟著我（唯余馬首是瞻）。」

想不到荀偃的下軍將領認為，荀偃這樣的指令太專橫了，於是他說：「晉國打仗還沒有過這樣的命令，為什麼要聽他的？好，他馬頭向西，我偏要向東。」將領的副手說：「他是我們的頭，我聽他的。」

於是也率領自己的隊伍朝東而去，這樣一來，全軍頓時混亂起來。

荀偃失去了下軍，仰天歎道：「既然下的命令不能執行，就不會有取勝的希望，一交戰肯定讓秦軍得到好處。」他只好下令將全軍撤回去。

後來「馬首是瞻」這句話就流傳開了，本意是作戰時士兵看著主帥的馬頭決定行動的方向，現在則用來比喻服從指揮或者樂於追隨，演化成了聽話的代名詞。

延伸知識——「鳴金收兵」的「金」是指什麼？

古代行軍打仗，聞鼓則進，聞金則退。《荀子．議兵》：「聞鼓聲而進，聞金聲而退。」意思是擊鼓號令進攻，鳴金號令收兵。擊鼓和鳴金是古代軍事指揮的號令。擊鼓就是敲戰鼓，鳴金就是鳴「鉦」，並非鳴「鑼」。「鉦」是古代的一種樂器，是指軍隊中用於作戰信號的工具。鉦，形似鐘而狹長，上有柄，用銅製成。《說文解字》：「鉦，鐃也，似鈴，柄中上下通。」「鳴金收兵」就是用敲鉦發出信號撤兵回營，比喻戰鬥暫時結束。

關於「擊鼓鳴金」的來歷，有個傳說：

黃帝在與蚩尤作戰時製造的是革鼓。他從東海流波山上獵獲了一種叫做「夔」的動物，它的形狀像牛，全身青黑色，發出幽幽的光亮，頭上不長角，而且只有一隻腳。這種動物目光如電，叫聲如雷，十分威武雄壯。當時黃帝為它的叫聲所傾倒，就剝下它的皮製成八十面鼓，讓玄女娘娘親自擊鼓，頓時聲似雷霆，直傳五百里。但是收兵時不能再擊鼓了，所以就鳴金來召喚士兵。這就是後世「擊鼓進軍，鳴金收兵」的來歷。

077 麻煩別人或請人幫忙時為什麼常說「借光」？

麻煩別人或請求別人給予幫助時大家經常說「借光」，或者在借路通過時也會這樣說，那麼借的是什麼「光」呢？這個詞是怎麼產生的呢？這裡有一個民間故事，介紹了「借光」一詞的產生。

據說齊國有一個貧家女孩叫徐吾，她經常與鄰居的女孩們在一起紡線績麻，有時候幹活到很晚，大家就點上蠟燭。每天晚上點的蠟燭都是由每個女孩從自己家中帶來的。

徐吾因為家裡很貧窮，所以帶的蠟燭最少，一起幹活的女孩們逐漸就不高興了，有一個姓李的女孩便對其他人說：「徐吾帶的蠟燭不夠，以後就不要讓她和我們一起幹活了。」

徐吾聽了她的話，為自己辯解說：「這樣說是沒有道理的。大家都知道，我每天來得最早，休息得最晚，天天都在打掃清潔等待你們的到來，坐的時候也自己坐在下面。這都是因為我窮，自知帶的蠟燭少。何況，同一個屋子裡，多我一個人，燭光也不會明亮一些，而我只是借東牆上的餘光，每天來幹自己的活。所以大家不要吝嗇你們的餘光，我用的光並不影響你們什麼。這樣一舉兩得，難道不是一件好事嗎？」

女孩子們聽了徐吾的一番話，覺得很有道理，於是大家也無話可說了。從此，徐吾仍舊和大家一起紡線績麻，也不再有人因為她帶的蠟燭少而埋怨了。

後來，由這個故事就產生了「借光」這個詞。

延伸知識｜人們常說的「借刀殺人」，是借「誰」的刀去殺什麼人呢？

日常生活中，把自己不出頭，借別人來實現自己的目標叫「借刀殺人」。為什麼會「借」別人的「刀」來實現自己的目的呢？最初真的是「殺人」嗎？這個詞最早出現在明朝汪廷訥《三祝記・造陷》裡：「恩相明日表奏仲淹為環慶路經略招討使，以平元昊，這所謂『借刀殺人』。」兩軍對陣時，常常採取「借刀殺人」的謀略。

後來人們把「借刀殺人」引入到「三十六計」中，是根據《周易》六十四卦中《損》卦推演而得。此卦認為，「損」、「益」不可截然劃分，二者相輔相成，其核心主要體現在善於利用第三者的力量，或者善於利用矛盾製造敵人內部的矛盾，達到取勝的目的。借刀殺人，就是為了保存自己的實力而巧妙地利用矛盾的謀略。當敵方動向已明，就千方百計誘導態度曖昧的友方迅速出兵攻擊敵方，自己的主力即可避免遭受損失。

現在「借刀殺人」在軍事上應用的較少了，更多的是在社會生活中使用，比喻自己不出面，借別人的手去害人。

078

孔子所說的「三月不知肉味」跟音樂有關，這是為什麼？

如果一個正常人三個月不知道肉味，那麼一定是他的舌頭有問題了。可是孔子卻說自己「三月不知肉味」，又和音樂有關，這是什麼原因呢？

這句話出自《論語．述而》：「子在齊聞《韶》，三月不知肉味，曰：『不圖為樂之至於斯也。』」

孔子精通《詩》、《書》、《禮》、《易》，也頗為擅長音樂，但還沒達到精通的程度。他聽說周天子的大夫萇弘，知天文，識氣象，通曆法，尤其精通音律，於是專門來萇弘家拜訪。

孔子說：「我很喜愛音樂，但一直不能參透其中的妙處。據說韶樂和武樂都很高雅，都流行於諸侯國的宮廷之間，二者的區別在哪裡呢？」

萇弘緩緩地說：「我認為，韶樂，乃虞舜太平和諧之樂，曲調優雅宏盛；武樂，乃武王伐紂一統天下之樂，音韻壯闊豪放。就音樂形式來看，二者雖風格不同，但都是同樣美好的。」

孔子進一步問：「那麼，二者在內容上有什麼差別嗎？」

萇弘回答說：「從內容上看，韶樂側重於安泰祥和，禮儀教化；武樂側重於大亂大治，述功正名，這就是二者內容上的根本區別。」

孔子恍然大悟地說：「如此看來，武樂，盡美而不盡善；韶樂則盡善盡美啊！」

第二年孔子出使齊國，正逢齊王舉行盛大的宗廟祭祀，孔子親臨大典，有機會真正聆聽韶樂和武樂的演奏，喜愛得不得了，甚至是「三月不知肉味」。後來，「三月不知肉味」就被用來形容對某種事物的癡迷程度，並不是真的品嚐不出肉的味道。

延伸知識　為什麼把非常想念叫「一日不見，如隔三秋」？真的是隔了三個秋天嗎？

《孔子聖跡圖》：孔子聽到相傳為虞舜時的樂曲《韶》以後，竟然「三月不知肉味」

朋友或戀人之間分別後相互思念，經常用「一日不見，如隔三秋」來形容，以表示度日如年的焦急心情。這句成語出自哪裡呢？「三秋」又真的是過了三個秋天嗎？

這成語出自詩經裡的《采葛》：

彼采葛兮，一日不見，如三月兮！
彼采蕭兮，一日不見，如三秋兮！
彼采艾兮，一日不見，如三歲兮！

這是一首情詩，主角是一位姑娘和思慕她的小夥子。兩個飽受相思之苦的人一天沒有見面，就會覺得好像經過三月、三季、三年那麼久。雖是誇張，卻寫得入情入理，真實地反映出度日如年的情思；本詩運用了回復的章法，就更加強了這情思的感染力。

後來被概括成「一日不見，如隔三秋」（也有「一日三秋」之說）的成語，既可用來表達情人、夫妻之間的纏綿，也可用來形容投緣的朋友之間相互牽掛、難捨難分。這裡的「秋」用來指代季節，並不一定是秋天，只是形容時間的長度單位而已。「三」是虛指，很多或很長的意思，而不一定是「三個」。

079

「引狼入室」真的是把險惡招引進來嗎？

「引狼入室」比喻自己把壞人或敵人招引進來，結果給自己帶來了不可想像的麻煩。其實古人並不把狼當作是陰險兇惡的動物，而是懷著比較友好，甚至是崇敬的心情對待狼。這是怎麼回事呢？

遠古的人們把狼的形象畫在石壁上時，心中充溢著敬仰之情。在上古時候，人們是捕食動物為生的，所以相信捕食動物為生的狼，是屬於另外一個種族，而它們的本領甚至比人還要強，所以認為狼身上存在著一種神奇力量。他們認為狼是一種不可思議的動物。從自然歷史的進化來看，狼也是世界上發育最完善、最成功的大型肉食動物之一。它具有超常的速度、精力和能量，而且嚎叫資訊和體態語言豐富，還有非常發達的嗅覺；它們為了生活和生存而友好相處，為了哺育和教育後代而相互合作，其在群體社交和相互關心的突出表現，可以說僅次於靈長目動物。有的部族甚至存在著狼圖騰，把狼當作自己的祖先加以敬仰，並且作為自己部落的標誌。所以那時候如果能「引狼入室」的話，一定是非常興奮和認為幸運的事情。

但隨著社會的進步，人類製造工具的本領越來越強，對自然的征服活動也越來越深入，對狼的崇拜也逐漸消退。所以狼就逐漸和其他的猛獸一樣，被當作是兇惡的象徵。「引狼入室」也就成了招致危險的意思。最早使用這個詞語的是元張國寶《羅李郎》：「我不是引的狼來屋裡窩，尋得蚰蜒鑽耳朵。」由此引申出「引狼入室」一詞，這個詞語的含義就被固定下來了。

延伸知識　「登堂入室」是指走進房屋嗎？它還有什麼其他的寓意呢？

這個成語出自《論語．先進》：「由也升堂矣，未入於室也。」比喻學問或技能從淺到深，達到很高的水準。由此演化出「登堂入室」這個詞。而提到「登堂入室」，就要講到古代房屋的建築情況。

古代建築講究制式，名稱也自然有所不同。古代的正房有堂和室之分，一般是前堂後室。正房的中間部分一般比較寬大，用來接待客人，這裡叫做「堂」。比如醫生坐在房屋中間看病叫「坐堂」；像衙門也是這樣，中間的部分叫大堂，官員坐在那裡審理案子叫「升堂」。由於這裡比較明亮，所以有「亮堂」一詞。後來把大的房屋也叫做「堂」，如：禮堂、食堂、店堂、名堂等，祝福的詞語有「金玉滿堂」、「四世同堂」等。

因為「堂」有尊貴的含義，所以在家族中只有地位重要的成員才有資格在那裡起居。在中國傳統中，宗族的概念也可以用「堂」來表示，如「堂兄弟」。

「室」一般建築在堂的後面，是生活起居的地方，所以現在還叫「臥室」。一般「室」是比較私人的地方，不會輕易讓外人進入的。而要進入室，則必須先經過前面的堂。

因此「登堂入室」指由前面的堂進入後面的室，也就是由普通禮節性接待客人的堂進入到顯示比較親密的，或者私密的室。後來則演化為指學問或技能由淺入深，進入到更高的層次。

080

「犧牲」是指為了光榮的事業獻出生命，但其本義並不是指死亡，那麼它是指什麼呢？

「犧牲」在古代並不指死亡，古漢語「犧」和「牲」是兩個詞。「犧」指宰殺後供宗廟祭祀用的毛色純正的牲畜。《尚書》：「今殷民乃攘竊神祇之犧牲。」是說現在殷地的老百姓盜竊祭祀的牲畜祭品；「牲」泛指宰殺後供祭祀和食用的牲畜。《周禮》：「食用六穀，膳用六牲。」所謂「六牲」，就是「六畜」，即《三字經》所說的「馬牛羊，雞犬豕，此六畜，人所飼」。鄭玄注釋《周禮》說：「六畜，六牲也。始養之曰畜，將用之曰牲。」這裡指明了「畜」和「牲」的區別：牲畜在飼養時，叫「畜」，而宰殺後供祭祀和食用時叫「牲」。

古人認為馬是重要的交通工具，因此馬肉是不能吃的。六畜中可供食用的牛、羊、豬、狗、雞被稱為五牲，其中用於祭祀的牛、羊、豬最為重要，被稱為「三牲」。為了祭祀祖先和神靈，古人宰殺了牛、羊、豬，用「犧牲」來表示對祖先神靈的虔誠和敬畏。

後把「犧牲」這個詞引申成：為了正義的事業和偉大的目標而捨棄生命，如「流血犧牲」、「為國犧牲」等。再後來，也指為國為公而捨棄財物、時間或利益，如「犧牲休息時間」、「犧牲個人利益」等。應注意的是，古漢語中的「犧牲」是名詞，引申為現代新義後，「犧牲」的詞性就演變為動詞了。

延伸知識｜古代祭祀之後，怎麼處理祭品？

對於不同的祭品，古人採用了不同的處理方式，主要有如下幾種方式：

一、燔燒，祭天神使用。西周以前關於「天」的觀念還不明確，每天都要舉行迎接日神和恭送日神的儀式，並且在儀式上殺牛和殺羊以作犧牲。周代開始，迎送日神之禮不再舉行了。在古人看來，天神在上，把犧牲焚燒了，燃起的煙氣升騰，直達高空，容易被天神接受。

二、灌注，祭地神使用。《周禮．大宗伯》說：「以血祭，祭社稷。」灌注的方法就是把用來祭祀地神的血和酒灌注於地，血、酒很快就滲透到地下，人們認為這樣神就能夠接受到。

三、瘞埋，就是挖坑將祭品埋沒，祭山神和地神時使用。《山海經》中保存著豐富的山神崇拜資料，其中所列各種山神的祭法中，瘞埋占絕大多數。祭地神時除將血、酒灌注於地，其他祭品則要挖坑瘞埋。人們認為只有將祭品埋於地下，地神才會知道人們正在祭祀他，才能接受祭品。

四、沉沒，祭水神使用。《竹書紀年》、《帝王世紀》等書中有帝堯沉璧於洛水以祭洛神的記載。周代以後，沉祭仍很盛行，認為水神居住在水下，將祭品沉入水中，容易被水神接受。

五、懸投，祭山神使用。「懸」（縣）又叫「升」，就是把物品懸掛起來禮神；「投」就是將祭品投放於山中地上，就是將祭祀用的璧和玉投擲遠處，而不陳列祭具。

不管是哪種處理祭品的方式，都表達了人們對神靈的虔誠心情，真誠地希望這些祭品能夠為受祭祀的神靈享用。

081

「盡地主之誼」是主人盡招待客人的責任，「地主」是指什麼？為什麼把主人又叫「東家」？

一般來了客人，主人總要盛情款待，以「盡地主之誼」，為什麼這麼說呢？這句話出自《左傳．哀公十二年》：「子服景伯謂子貢曰：『夫諸侯之會，事既畢矣，侯伯致禮，地主歸餼，以相辭也。』」杜預注：「侯伯致禮，以禮賓也。地主所會，主人也。餼，生物。」指的是主人對所到來的客人要以禮待之，後來演變成「地主之誼」，意思是當地的主人對來客接待的禮節和飲食饋贈等情誼，而「地主」也就是指主人。

主人有時也稱「東家」，這是怎麼回事呢？為什麼不稱「西家」、「南家」或「北家」呢？這是因為古代認為東方是正統，自古以東為上為大，「東家」為正宗的人家。「東」位就是代表主人。我們平常所說的「作東」、「東道主」中也包含了這個意思。

在古代《周易》的星相學說中，東南西北四宮各有四大神獸鎮守，東宮蒼龍，南宮朱雀，西宮白虎（咸池），北宮玄武。其又各屬有七個星宿，合計二十八星宿。東宮所轄七宿是：角、亢、氐、房、心、尾、箕。《史記．天官書》記載：「東宮蒼龍，房、心。」「龍」作為華夏民族的圖騰，是吉祥、長久的象徵，古代帝王以龍子自居，因此以「東」為尊也就可以理解了。

延伸知識　為什麼用「賓至如歸」形容對客人招待得非常好呢？

「賓至如歸」是說客人來到這裡就如同回到自己家裡一樣；形容招待客人熱情周到，讓來客感到滿意。這個成語來源於《左傳．襄公三十一年》：「賓至如歸，無寧災患，不畏盜寇，而亦不患燥濕。」

子產是春秋時鄭國的大夫。西元前五四二年，子產奉鄭簡公之命出訪晉國。當時，正遇上魯襄公逝世，晉平公藉口為魯國國喪致哀，沒有迎接鄭國使者。子產就命令隨行的人員，把晉國賓館的圍牆拆掉，然後趕進車馬，安放物品。

晉平公得知這一消息，吃了一驚，派大夫士文伯到賓館責問子產。士文伯說：「我國為了防止盜賊，保障來賓安全，特意修建了這所賓館，築起厚厚的圍牆。現在你們把圍牆拆了，其他諸侯來賓的安全怎麼辦呢？」

子產回答說：「我們鄭國是小國，這一次我們前來朝會，偏偏遇上你們的國君沒有空，既見不到，也不知道進見日期。我聽說過去晉文公做盟主的時候，自己住的宮室是低小的，接待諸侯的賓館卻造得又高又大。賓客到達的時候，樣樣事情有人照應，能很快獻上禮品。他和賓客休戚與共，你不懂的，他給予教導，你有困難，他給予幫助。賓客來到這裡就像回到自己家裡一樣。可是，現在晉國銅鞋山的宮室有好幾里地，而讓諸侯賓客住的卻是奴隸住的屋子。我們不能翻牆進去，如果不拆掉圍牆，讓這些禮物日曬夜露，就是我們的罪過了。如果讓我們交了禮物，我們願意修好圍牆再回去。」

士文伯把情況報告了晉平公，平公感到慚愧，馬上接見子產，隆重宴請，給了豐厚的回贈，並下令重新建造賓館。

後來「賓至如歸」這句成語就流傳開來，形容把客人招待得很好之意。

082 為什麼求人開恩時說「高抬貴手」？

求人開恩、饒恕時往往說「高抬貴手」，是誰的「手」這樣尊貴呢？為什麼會這樣說呢？

原來，舊時鄉下演戲，往往先由鄉紳們出錢，包下戲班子在祠堂廟宇中演出，然後他們再向群眾賣票賺錢，群眾憑票進場看戲。

戲場當然只開一扇邊門，由一個壯漢把門收票。無人進場時，這些看門的雙腿跨在門檻上，雙手挺在門框上，以防無票的溜進去。

農村的孩子很想看戲，但又無錢買戲票。有的孩子便向守門壯漢哀求，一邊看著看門人的臉色，看到他們態度好一些，就央求說：「叔叔，請您把胳膊抬高一點吧！」於是孩子便趁勢從看門的胳肢窩下鑽進去看戲了。

後來，文人便把「請抬高胳膊」雅化為「高抬貴手」，意思就是請人「開恩」，推而廣之，便是應用於各種場合的求情了。

延伸知識——「上下其手」指的是什麼呢？

「上下其手」比喻玩弄手法，串通作弊。《左傳．襄公二十六年》記載：伯州犁有意偏袒公子圍，叫皇頡作證，並向皇頡暗示，舉起手說：「夫子為王子圍，寡君之貴介弟也。」把手放下說：「此子為穿封戌，方城外之縣尹也，誰獲子？」

春秋楚襄王二十六年，楚國出兵侵略鄭國。以當時楚國那麼強大，弱小的鄭國，實在沒有能力抵抗，結果，鄭國遭遇到戰敗的厄運，連鄭王頡也被楚將穿封戌俘虜了。戰事結束後，楚軍中有楚王弟公子圍，想冒認俘獲鄭王頡的功勞，說鄭王頡是由他俘獲的，於是穿封戌和公子圍二人便發生爭執，彼此都不肯讓步，一時沒有辦法解決。後來，他們便請伯州犁做公證人，判定這是誰的功勞。

伯州犁的解紛辦法本是很公正的，他主張要知道這是誰的功勞，最好是問問被俘的鄭王。於是命人帶了鄭王頡來，伯州犁便向他說明原委，接著手伸二指，用上手指代表楚王弟公子圍，用下手指代表楚將穿封戌，然後問他是被誰俘獲的。鄭王頡因被穿封戌俘虜，很是恨他，便指著上手指，表示是被公子圍所俘虜。於是，伯州犁便判定這是公子圍的功勞。

「上下其手」這句成語便是出於這個故事，表示枉法作弊，顛倒是非的意思。

083

「小巫見大巫」是兩個巫師見面嗎？

「巫」是舊時裝神弄鬼替人祈禱的人。「小巫見大巫」原意是小巫見到大巫，法術無可施展。後比喻相形之下，一個遠遠比不上另一個。這個成語和東漢末年名士陳琳有關。

三國時，陳琳與張紘是同鄉好友，陳琳在魏國做官，張紘在東吳當謀士。兩人都很有文學才華，經常互通書信。有一次張紘寫了一篇關於栩榴枕的賦，陳琳見到了這篇賦後，讚賞不已。後來張紘也看到了陳琳寫的《武庫賦》和《應機論》，也是讚賞有加，並給陳琳寫了一封信，並表示要好好地向他學習。

陳琳見信後也很是感動，在回信《答張紘書》中謙虛地說：我生活在北方，文化落後，與天下的文人學士交往很少。只是這裡能寫文章的人不多，所以我的文章顯得比較突出，得到了大家過分的稱讚。我和你、張昭兩人相比，差距實在太大了，「所謂小巫見大巫，神氣盡矣」。就好像小巫遇見大巫，沒法施展巫術了。

陳琳用了一個比喻，說巫師的法術高低，是靠比較才能顯出來的。那麼法術低微的巫師見了法術高明的巫師，那點兒法術就使不出來了。後來「小巫見大巫」便被用來指水準高下分別明顯，並不是真正有大、小兩個巫師見面了。

延伸知識｜為什麼說「雞肋」食之無味、棄之可惜？

「雞肋」本是食物，為什麼成了食之無味、棄之可惜的東西了？這個詞與曹操有關。

據《後漢書》記載，曹操伐蜀時，進攻不力，退兵又不甘心，正在進退兩難之時，廚師給他送來一碗雞湯。正巧部將夏侯惇進帳來，請示夜間巡邏的口號。曹操看到碗裡的雞肋，隨口說道：「雞肋！雞肋！」於是夏侯惇傳令官兵，巡夜的口號是「雞肋」。

行軍主簿楊修聽到「雞肋」做口號，便教隨行軍士收拾行裝，準備歸程。有人報知了夏侯惇。夏侯惇大吃一驚，過來詢問原由。

楊修說：「聽到今夜的號令，就知道魏王很快就要退兵了。雞肋這東西，吃著沒什麼肉，扔了又可惜。正像魏王現在的心情，進攻不能取勝，撤退惟恐別人恥笑。」於是夏侯惇營中士兵正在下軍士收拾行囊，準備撤軍。正巧曹操晚上睡不著，於是出來巡帳。看到夏侯惇營中士兵正在收拾行囊，大驚失色，急招夏侯惇詢問。知道原因後，曹操勃然大怒，下令將楊修斬首，以警告三軍。

楊修所解釋的「雞肋」，是結合曹操當時進退兩難的心情而言的，認為大軍進也不是，退也不是，所以並不是雞肋本身的味道不好，而是借題發揮，意有所指。後來「雞肋」一詞就被作為進退兩難的意思使用了。

084

「飛黃騰達」往往用來比喻升遷的迅速，它有什麼含義嗎？

「飛黃」又作「乘黃」，是傳說中的神馬名字；「騰達」原來是「騰踏」，指上升的態勢，形容神馬飛馳貌，像飛黃神馬似的很快地上升著。這個詞形容駿馬奔騰飛馳，比喻驟然得志，官職地位很快高升。也寫作「騰踏飛黃」。這個詞是怎麼來的呢？

據說「唐宋八大家」之首韓愈的兒子韓符少年時十分貪玩，不喜歡讀書，韓愈專門寫《符讀書城南》詩教育兒子：

兩家各生子，提孩巧相如。
少長聚嬉戲，不殊同隊魚。
年至十二三，頭角稍相疏。
二十漸乖張，清溝映汙渠。
三十骨骼成，乃一龍一豬。

飛黃騰踏去，不能顧蟾蜍。

韓愈在詩中對他兒子講了一個故事：有兩家人家，各生了一個兒子。這兩個孩子在幼兒時長得很像，都很活潑可愛；稍長大後，也經常在一起玩耍，如同一塊兒遊著的小魚似的，簡直沒有什麼區別。可是到了十二三歲的時候，卻漸漸看出有些不同了；二十來歲時，這種不同尤其明顯了：一個高潔明澈，像清水溝；一個庸俗穢垢，像汙水渠。到三十歲左右，一個像騰雲駕霧、呼風喚雨的龍，一個卻像愚蠢無能、只圖飽暖的豬；一個像飛黃一樣奔騰前進，對於另一個遠遠落在後頭的癩蝦蟆似的東西根本顧不上了。

「飛黃騰踏」，形容神馬的飛馳，後來人們都寫作「飛黃騰達」，借喻發跡高升、貴顯得志，有時也用來比喻事業興旺。

延伸知識——「馬上」形容時間短，它跟騎馬有關係嗎？

現在大家說很快就要怎麼樣時，常用「馬上」一詞，比如「我馬上就來」等等。本來是形容時間比較短的意思，為什麼會和「馬」有關呢？難道是騎著馬比較快的意思嗎？

「馬上」最初的意思就是「在馬背上」，多指征戰武功，古代有「馬上得天下」一說。《史記．酈生陸賈列傳》：「陸生時時前說稱《詩》、《書》。高帝罵之曰：『乃公居馬上而得之，安事《詩》、《書》！』陸生曰：『居馬上得之，寧可以馬上治之乎？且湯、武逆取而以順守之，文武並用，長久之術也。』」這裡的「馬上」就是指征討天下的武功而言，並沒有表示時間的意思。後來就把「馬上得天下」為武功建國之典。

由於「馬上」具有以武取得功勞的意思，後來就用「馬上」指比喻在職做官。到了元代才有「即時、立刻」的意思。元朝由蒙古族建立，蒙古族是馬上民族，以狩獵為生，蒙古騎兵素以作戰征討勇猛著稱，行動迅猛，速度很快。可能是由於這個原因，「馬上」就有了表示速度快、時間短的含義。元無名氏《陳州糶米》第三折：「爺，有的就馬上說了罷！」明唐順之《請遊兵疏》：「命下之後，即便馬上差人齎文星馳付山西保定二巡撫處。」用的都是這個意思。後來，「馬上」一詞就被大家所接受，並轉化為表示時間的含義了。

085

「水性楊花」為什麼指女子風流？

「水性楊花」在舊時用來形容用情不專、作風輕浮的女子。最早使用這些意向的都是在一些文學作品中，如明無名氏《小孫屠》：「你休得假惺惺，楊花水性無憑准。」《說唐》第五十八回：「張、尹二妃終是水性楊花，最近因高祖數月不入其宮，心懷怨望。」清曹雪芹《紅樓夢》第九十二回：「大凡女人都是水性楊花，我要說有錢，他就是貪圖銀錢了。」這些經典文學作品中都將「水性楊花」用作貶義。為什麼會把輕浮的女子比作「水性楊花」呢？

這個詞從什麼時候開始產生已經不可考。「水性楊花」是說像流水那樣易變，像楊花那樣輕飄。在古人眼裡，行為不端、作風輕浮的女子性情多變，感情不專一，所以性情行為像水一樣流動，像楊花一樣飄搖不定，不會從一而終，因此用這個詞來比喻婦女作風輕浮，感情不專。

延伸知識

「呆若木雞」原意是神態自若的樣子，現在卻指人傻乎乎的，為什麼會有這樣的變化呢？

現在把「呆若木雞」一詞用來形容人不聰明，甚至是傻。其實這個詞原來是指神態自若，自信到一定程度。為什麼會有這樣一百八十度的轉變呢？這要從古代的鬥雞說起。

春秋戰國時代，齊國盛行鬥雞，連齊王也不例外，特別熱衷於這項活動。王宮內養了不少鬥雞，齊王為了訓練這些雞，專門派人到紀國去請馴養鬥雞世家的紀渻子。

紀渻子有一套祖傳的方法，齊王請他來十天後問，鬥雞訓練好了沒有？紀渻子稟告說：「還沒有。它近期表現為內心空虛而神態高傲，模樣盛氣凌人。」齊王只得耐性等待。

又過了十天，齊王又派人來詢問。紀渻子說眼下鬥雞聽到其他雞的啼聲，看到雞的影子僅只有反應。

又過了一段時間，齊王見鬥雞還沒馴成，就把紀渻子抓進宮殿。紀渻子說：「馴養已到關鍵階段，鬥雞目前的目光過於敏銳，雖有鬥志，但心中充滿著傲氣和怒氣……」

齊王問他，鬥雞現在能不能參戰。紀渻子果斷地否定說：「不行！大王就是殺了我，我也不會同意去參戰，鬥雞此時參鬥，難操勝券。」齊王萬般無奈，只好讓他繼續馴養。

又過了一段時間，紀渻子向齊王稟告說：「現今鬥雞雖遇挑戰者向它鳴叫，仍神色自若，視而無見，毫無反應。看上去像一隻木雞。現在可以去比賽了。」

齊王大喜，他令人把挑戰雞引到鬥雞面前，這些雞一看見紀渻子馴養的鬥雞望而卻步，腿都嚇軟了，轉身便逃。膽大的與它鬥不了幾個回合，紛紛狼狽逃竄。

後來人們就把「呆若木雞」引申表示十分愚笨，也形容因為害怕或驚奇發呆的樣子，但這恰恰不是本義，整個顛倒過來了。

086

「天龍八部」是指哪八部天龍呢？

「天龍八部」原為佛教用語，後被當代著名作家金庸用作書名。「天龍八部」又稱「龍神八部」、「八部眾」，這些名詞出於佛經。許多大乘佛經敘述佛向諸菩薩、比丘等說法時，常有天龍八部參與聽法。如《法華經．提婆達多品》：「天龍八部、人與非人，皆遙見彼龍女成佛。」

「非人」實形貌似人，而實際不是人的眾生。天龍八部都是「非人」，包括八種神道怪物，因為「天眾」及「龍眾」最為重要，所以稱為「天龍八部」。八部者：一天眾、二龍眾、三夜叉、四乾達婆、五阿修羅、六迦樓羅、七緊那羅、八摩呼羅迦。

「天眾」，「天」是指「神」，包括著名的護法二十諸天中的大梵天、帝釋天、四大天王、韋馱等。在佛教中，天神的地位並非至高無上，只不過比人能享受到更大、更長久的福報而已。

「龍眾」中的「龍」，和中國傳說中的「龍王」或「龍」大致差不多，不過沒有腳，有的大蟒蛇也稱之。

「夜叉」是佛經中的一種鬼神，有「夜叉八大將」、「十六大夜叉將」等名詞。「夜叉」本義是能吃鬼的神，又有敏捷、勇健、輕靈、祕密等意思。

「乾達婆」又稱為「香神」，是一種不吃酒肉，只尋香氣作為滋養的神，是服侍帝釋天的專管演唱俗樂的樂神之一，身上發出濃洌的香氣。

「阿修羅」這種神道非常特別，男的極醜陋，而女的極美麗。

「迦樓羅」是指「金翅鳥神」。這是一種大鳥，翅有種種莊嚴寶色，頭上有一個大瘤，是如意珠，此鳥鳴聲悲苦，以龍為食。

「緊那羅」是歌神，是專門演奏法樂的音樂家。他形狀和人一樣，但頭上生一隻角，所以稱為「人非人」，善於歌舞，是帝釋的樂神。

「摩呼羅迦」是大蟒神，人身而蛇頭。

延伸知識｜電影《無間道》的主人公在警察和黑社會兩面周旋，「無間道」是什麼含義呢？

「無間道」（無間地獄）是《法華經》、《俱舍論》、《玄應音義》等佛經裡「avicinaraka」的新譯，舊譯為「阿鼻地獄」，是佛經故事中八大地獄中最苦的一個，也是民間所謂十八層地獄中最底的那一層。凡被打入無間地獄（無間道）的，永無解脫希望，要經受五種無間：

第一「時無間」，無時無刻不受罪；

第二「空無間」，從頭到腳都受罪；

第三「罪器無間」，各式各樣刑具無所不用；

第四「平等無間」，用刑不論男女均無照顧；

第五「生死無間」，重復死去無數回還得繼續用刑。

電影以「無間道」作為片名，顯然寓意深刻。兩個身分都本不該屬於自己的人，他們幾乎生活在一個類似無間地獄的環境裡，做夢都怕別人拆穿自己的身分。這個世界裡，到底什麼才是生活的道理、做人的道理，角色的茫然也就是編導對這一問題的深入探討。進入無間地獄是沒有輪迴的，只有永遠受苦，但片中的兩位主角卻在尋求輪迴，所以用「無間道」來形容他們二人內心的矛盾痛苦，是最恰當不過的了。

087

「六道輪迴」是說走回頭路嗎？「六道」是指什麼？

在佛教中，「六道」指天道、人道、阿修羅道、畜生道、餓鬼道、地獄道。其中前三道為上三道，是三善道，是比較優良的；後三道為下三道，是三惡道，因其作業較慘重，所以一切沉淪於分段生死的眾生，其輪迴的途徑，不出六道。「六道輪迴」有兩項是有形的，即是「人道」和「畜生道」；另四項是無形的。有形的稱為「有器」，無形的稱為「無器」。

所謂「輪迴」，是描述其情狀，去來往復，有如車輪的迴旋，在這六道中周而復始，無有不遍，故名六道輪迴。

佛教認為，善業是清淨法，不善業是染汙法。以善惡諸業為因，能招致善惡不同的果報，是為業果。作為業果的表現形式，世俗世界的一切萬法，都是依於善惡二業而顯現出來的，依業而生，依業流轉。所以，眾生行善則得善報，行惡則得惡報。而得到了善惡果報的眾生，又會在新的生命活動中造作新的身、語、意業，招致新的果報。因此，凡未解脫的一切眾生，都會在天道、人道、阿修羅道、畜生道、惡鬼道、地獄道中循環往復，這就是佛教所說的輪迴。

「六道輪迴」都有生苦，老苦，病苦，死苦，怨憎會苦，愛別離苦，所求不得苦，五陰盛苦。這樣看來，「六道輪迴」可以說苦多於樂，所以佛教說人生是苦海也。

延伸知識｜佛教從什麼時候傳入中國的？

佛教與基督教、伊斯蘭並稱為世界三大宗教。所謂「佛教」，就是佛的教育，而不是拜佛的宗教。佛教相傳是西元前六至前五世紀古印度的迦毗羅衛國（今尼泊爾境內）王子喬達摩・悉達多所創，因父為釋迦族，成道後被尊稱為釋迦牟尼，也就是「釋迦族的聖人」的意思。廣泛流傳於亞洲的許多國家。

佛教正式傳來中國是漢朝，在中國已經有一千九百多年的歷史。魏晉南北朝時代佛教逐漸在民間流傳開來，當時佛教很是興盛，唐代杜牧曾經有詩「南朝四百八十寺，多少樓台煙雨中」，描寫南朝時林立的佛寺。另外還有其他的一些印度佛教派別也來到中國的，如禪宗祖師菩提達摩就是這個時期來到中國的。達摩在嵩山少林寺隱居面壁九年的故事在中國廣泛流傳。

到了唐朝，印度的佛教已經發展了幾百年了，出現了多種佛教派別。而在中國，佛教已經開始與儒教、道教爭奪統治地位了。《西遊記》中的唐僧——玄奘大師，就是在唐代到印度求取真經的。他回國後，唐太宗非常重視，安排了數千人參加玄奘大師的佛經翻譯工作。因玄奘大師的弘揚，使印度後期佛教哲學，和大、小乘佛教的經典，在中國得到廣泛傳播。

以後的各個朝代，佛教都有所發展，成為中國古代思想中非常重要的一個組成部分。

088

為什麼把陰間稱作「陰曹地府」？

中國古代認為有陽間和陰間的區別，陰間又被稱作「陰曹地府」，為什麼會有這樣的稱呼呢？

中國古代的陰陽學說把世界萬物都分為兩極，如天（陽）、地（陰），男（陽）、女（陰），日（陽）、月（陰）等等，都是相互對立的兩極。同時古代有三界之說，就是天上、人間、地獄，認為人是有靈魂的，每個人有三魂七魄。人在死後首先要到陰曹地府去報到，在那裡接受陰間的大法官——閻羅王的審判，根據每個人在陽間的表現作出判決，或者成仙，或者轉世，或者下地獄。中國古人認為天上有玉皇掌管，西天有佛祖掌管，人間有皇帝掌管，而陰間則是由地藏菩薩和眾王主持。

陰曹地府是掌管萬物生靈生命的地方，傳說中陰曹地府的神職人員分布是這樣的：

首先地位最高的天齊仁聖大帝，掌管大地萬物生靈；然後是北陰酆都大帝，之後有五方鬼帝。而傳說中陰曹地府是由十殿閻羅王所掌控，十殿閻羅王分別是：秦廣王、楚江王、宋帝王、仵官王、閻羅王、平等王、泰山王、都市王、卞城王、轉輪王。十殿閻王麾下還有：首席判官崔府君、鍾馗、黑白無常、牛頭馬面、孟婆神等。整個陰曹地府就在他們的控制之下！

在這些冥神的上面，還有一位地藏王菩薩。地藏王菩薩可以恩准所有的鬼魂，在陽世雖然曾犯過錯，但是如果真誠懺悔、改過，那麼則可以免於受刑。

可以看出，這是中國傳統陰陽學說與西方宗教相混合的產物，反映了古代人們的善惡與輪迴思想。

延伸知識｜四川豐都城為什麼又叫「鬼城」？

豐都城位於四川東部的長江北岸，已有兩千六百多年歷史。豐都自古以來有「鬼城」、「幽都」之稱，傳說這裡是人死後最終要去的地方，要在這裡經受審查和轉世等等。為什麼這裡會成為「鬼城」呢？

在豐都城有一座景色優美的平都山，是道教「七十二福地」中的第四十五福地。根據東漢的《列仙傳》和晉朝葛洪的《神仙傳》所記載，在漢代，有兩個叫王方平和陰長生的人辭官到此修道，最終得道成仙。

隨著王方平、陰長生二位仙人的名聲越來越大，招引了不少仙人到此來拜訪。如傳說中的麻姑，就曾來拜訪過王方平，可惜沒遇上。直到現在還留有她住過的「仙姑岩」、「麻姑洞」等遺跡。此外，呂洞賓也曾拜訪過王方平和陰長生。

後來，「王陰」二仙人被訛傳為「陰王」，又誤作為「陰間之王」，因此他們居住的地方——酆都，進而成為閻羅王所主宰的陰曹地府了。

東漢末年，五斗米教盛行於四川，而酆都在漢時屬於巴郡，是早期道教的重鎮之一。五斗米教因糅雜了許多巫術方面的東西而被稱為「鬼道」，並將道中的巫師稱為「鬼吏」。於是這種神仙人鬼混雜的道教信仰，促成了「鬼城」的形成。因此，原來充滿仙氣的平都山漸漸地被鬼氣所籠罩了，酆都逐漸變成了陽間的陰曹地府。自宋朝以來，人們憑藉著自己心中對陰曹地府的想象，在這裡陸續修建了許多陰間的建築，使酆都更顯神祕。

後來，又加上《西遊記》、《鍾馗傳》等小說的誇張渲染，酆都城是鬼城的說法越來越普遍，大家都把這裡當作了名正言順的「鬼城」。

089

「十惡不赦」的「十惡」是指哪些罪行呢？

對於罪大惡極的人往往用「十惡不赦」來形容，那麼「十惡」指哪些罪行呢？這要從中國古代的法律制度說起。

魏晉南北朝時期，歷代都進行了法律法典的編纂，而在這些法律法典中，比較有影響的有魏時的《魏律》，北朝時的《齊律》，「十惡」最早也就出現在《齊律》中，當時稱為「重罪十條」，而到了隋唐就正式形成了「十惡不赦」的說法：

一、謀反。指的是以各種手段企圖推翻政權，這歷來都被視為十惡之首；

二、謀大逆。指毀壞皇帝的宗廟、陵寢、宮殿的行為；

三、謀叛。指叛國罪。這與謀反有明顯的不同，謀叛是指叛逃到其他敵對國家；

四、惡逆。指打殺祖父母、父母以及姑、舅、叔等長輩和尊親；

五、不道。殺不應該處死的三人以上以及肢解人體；

六、大不敬。偷盜皇帝祭祀的器具和皇帝的日常用品，偽造御用藥品以及誤犯食禁；

七、不孝。指咒罵、控告以及不贍養自己的祖父母、父母。祖、父輩死後隱匿不舉哀，喪期嫁娶作樂；

八、不睦。毆打、控告丈夫和大功以上的尊長以及小功尊屬；

九、不義。指毆打、殺死長官（一般指州縣長官），丈夫死後不舉哀並作樂改嫁等；

十、內亂。指與祖父、父親的妾通姦。

「十惡不赦」自從《齊律》出現這些條款後一直沿用到宋元明清，歷朝的統治階級都把它看成是維護自己統治的重要工具。

延伸知識——「六根不淨」具體指哪六根？

佛教中把眼、耳、鼻、舌、身、意稱為「六根」，也就是生理學上的神經官能，這些都是心與物的媒介的根本，所以稱為「六根」。

從「六根」所接觸的物件上說，稱為「六塵」，也就是物理學上的各類物質。從「六根」接觸「六塵」而產生的判別力與記憶力上稱「六識」。如果沒有「六識」而僅有「六根」與「六塵」，那就不是活人而是死屍，所以，「六識」是「六根」的操縱者，「六根」是「六識」用來接觸「六塵」的工具。

因為「六根」是「六識」的工具，作善作惡，固然是出於「六識」的主張，造成善惡行為的事實，卻是在於「六根」的作用。人之流轉於生死輪迴的苦海之中，就是由於「六根」不曾清淨，自從無始以來的一切罪業，均由「六根」所造。

所以，一般的凡夫僧尼，只能在戒律的保護下，勉強守住了「六根」，至於「清淨」二字，那是談不上的。一般人的觀念，總以為僧尼們只要不犯淫行，不貪非分之財，不介入人我是非，便算是「六根清淨」了，事實上，凡是貪逐於物境的受用，就是「六根不淨」，不論是看的、聽的、嗅的、吃的、穿的、玩的、用的，只要有了貪取不捨的情形，就是「六根不淨」。

090 和尚、尼姑都剃光頭，同樣是出家人，道士為什麼不剃光頭？

「道士」之名源於戰國、秦漢時的方士，即有方術之士。道教創立之後，道士則專指從道修行的道教神職教徒。南北朝時代奉道之士增多，對在家修持的人，稱為「火居道士」，以區別出家道士。

「道士」是男女的通稱，道士也稱道人、羽士、羽客、羽衣、羽人、黃冠等。隋唐前後，習慣上男稱道士、黃冠；女稱女冠、女真。後來又分別稱男、女道士為乾道和坤道。道士的敬稱「道爺」是男女通用的，而沒有「道奶奶」。道士相互之間則稱道長、道友、道兄等，也是男女通用的，道教以外的人也可以這樣稱呼他們。學問精深、修煉有成或德高望重的道士可以尊稱為先生、真人，一般是朝廷頒賜。道士們自己按修行也有尊號。

道士有出家和不出家的區別，不出家的又稱「居士」。金元以前，都是不出家的道士，沒有必須出家的道士。金代全真教等創立後，制定了出家制度。道士分全真和正一兩大派。全真派道士為出家道士，不結婚，素食，住在道觀裡。男為道士，女為道姑，皆蓄長髮，攏髮於頭頂挽成髻，可戴冠，男道士蓄鬍鬚。正一派道士可以結婚，吃葷。不出家的正一道士一部分在宮觀裡活動，也有一部分沒有宮觀，為散居道士。沒有宮觀的散居道士，一般情況是平時穿俗裝，住在家中。正一道士多為男性，不蓄長髮和鬍鬚，髮式同俗人相同。他們不穿道裝時，看不出是道士。

因為佛教認為頭髮是「煩惱絲」，所以剃光頭，而道士則求仙訪道，追求升天成仙，沒有「煩惱絲」一說，所以不剃光頭。

延伸知識——「塔」這一建築形式是怎麼產生的？為什麼被用來安葬去世的僧人？

「塔」是一種供奉或收藏佛舍利（佛骨）、佛像、佛經、僧人遺體等的高聳式建築，又稱「佛塔」、「寶塔」。這種建築形式緣起於古代印度，稱作「窣堵坡」（梵文音譯），是佛教高僧的埋骨建築。

隨著佛教在東方的傳播，窣堵坡這種建築形式也在東方廣泛擴散，演變成了塔這種極具東方特色的傳統建築形式。在東方文化中，塔的意義不僅僅局限於建築學層面。塔承載了東方的歷史、宗教、美學、哲學等諸多文化元素，是探索和瞭解東方文明的重要媒介。隨著佛教傳入中國，窣堵坡與中土的重樓結合後，經歷了唐宋元明清各朝的發展，並與臨近區域的建築體系相互交流融合，逐步形成了樓閣式塔、密簷式塔、亭閣式塔、覆缽式塔、金剛寶座式塔、寶篋印式塔、五輪塔、多寶塔、無縫式塔等多種形態結構各異的塔系，建築平面從早期的正方形逐漸演變成了六邊形、八邊形乃至圓形，其間塔的建築技術也不斷進步，結構日趨合理，所使用的材質也從傳統的夯土、木材擴展到了磚石、陶瓷、琉璃、金屬等材料。十四世紀以後，塔逐漸從宗教世界走向世俗世界，因此按照經律系統，塔可以分為佛塔和文峰塔。用途也不僅僅是安葬高僧的佛骨或者佛經了。

091

「批八字」究竟是哪「八字」呢？

一般民間算命時常用的一種方法就是「批八字」，是用哪八個字來掐算呢？

相傳在黃帝時期，即由天皇氏制干支，伏羲氏作甲曆，創建了中國的曆法（太陰曆）。「八字」是從曆法查出的天干地支八個字。古代陰陽五行學者認為，天地之間皆五行；故將天干地支套上五行。人一生的命運就從五行的「沖刑生剋合」推敲出來。「八字」表達了人出生時太陽的位置，根據陰陽五行的原理來推算人的性格與這種性格所呈現的人生方向。古代用八字算命主要是分析一個人的五行在命盤的平衡。當五行不平衡時，五行之間的沖剋力量較大，因而影響一個人的生活作息，使一些不順利之事發生。反之，五行較平衡時，諸事也會較順利。

「八字」也叫「四柱」（年柱、月柱、日柱、時柱），每柱兩個字，上為天干（甲、乙、丙、丁、戊、己、庚、辛、壬、癸），下為地支（子、丑、寅、卯、辰、巳、午、未、申、酉、戌、亥），正好八個字，所以稱為「八字」。「八字」始於唐朝時期，最初以年柱為主體，以生年幹為本命，輔以納音法推命。唐代的李虛中改以年為主，取年、月、日、時四柱推命。五代的徐子平改以日幹為我（日主），查四柱間之五行生剋制化、刑沖會合為推命重點，並發揚光大。當今的八字推命，皆以子平法為正宗，故「八字」命學又稱為「子平法」或「子平八字學」。

延伸知識——「八旗子弟」是哪八旗呢？

八旗制度是清太祖努爾哈赤於明萬曆二十九年（一六〇一）正式創立，初建時只設四旗：黃旗、白旗、紅旗、藍旗。一六一四年將四旗改為正黃、正白、正紅、正藍，並增設鑲黃、鑲白、鑲紅、鑲藍四旗，合稱八旗，統率滿、蒙、漢族軍隊。規定每三百人為一牛彔，設牛彔額真一人，五牛彔為一甲喇（隊），設甲喇額真（參領）一人，五甲喇為一固山，設固山額真（都統、旗主）一人，副職一人，稱為左右梅勒額真（副都統）。其中正黃、鑲黃、正白三旗由皇帝親自率領，稱為上三旗，餘下的五旗稱為下五旗。

皇太極繼位後，為了擴大兵源，在滿八旗的基礎上又創建了蒙古八旗和漢軍八旗，他們的編制與滿八旗相同。滿、蒙、漢八旗共二十四旗構成了清代八旗制度的整體。清軍入關後八旗軍又分成了禁旅八旗和駐防八旗。

八旗最初創建時兵民合一，全民皆兵，凡是滿洲成員都隸屬於滿洲八旗之下。旗的組織具有軍事、行政和生產等多方面職能。入關前，八旗兵丁平時從事生產勞動，戰時就是軍人，軍械糧草自備。入關以後，建立了八旗常備兵制和兵餉制度，八旗兵從而成了職業兵。

八旗有一套完整的制度，如封爵等，崇德元年（一六三六）開始確定了親王、郡王、貝勒、貝子、鎮國公、輔國公、鎮國將軍、輔國將軍、奉國將軍九等。八旗宗室王公及官兵的婚喪等均有規定。清初規定滿漢不通婚，直到光緒二十七年（一九〇一）才取消禁令，實際上民間早已通婚。

隨著歷史的前進，民族界限早已打破，八旗制度也逐漸走完了它的歷程，只能走入史書中去了。

092

「簽字畫押」是怎麼回事？

「簽字畫押」是在文書、字畫、契約上署名或者作標記，古代時稱作「押」，後來也有稱作「簽名」、「簽字」的。為什麼一定要簽字畫押呢？這種制度又是從什麼時候開始的呢？

在唐朝初年，雖然唐太宗曾下令不許群臣在奏摺上以草書署名，但在其他文書上還是有用草書署名的。草書形體花俏，被稱作「花押」。到了宋代，人們在進呈公文或給別人書牘時，文末大多不署名，僅寫上本人的字，稱作「押字」或「草字」。

簽押字一般都是正字體，上面一橫，代表「天」，下面一橫代表「地」，設計時一般遵循此例。文人們流行了花押，老百姓也開始模仿，而出現了民間的「十」字押，在此之前一般用「指」押，就是將簽押人的食指按在合約上用筆記下食指指端和下面兩個指節的位置（畫三個道）。而比較重大的合約，例如買賣人口等則用「掌押」（也稱箕斗押），將整個手掌沾滿墨跡畫押。古代對於犯人的轉移關押、流配等，為了防止掉包，要求犯人在交換文件上押拇指押，將大拇指沾上墨跡簽押，這個簽押方式逐漸由官方轉用於百姓，而百姓有的由於忌諱（以前是犯人的專用）則採取了在畫押的位置畫個圈代表拇指押。

簽名或押字對於不識字的人卻不好辦，所以人們就以畫圓圈代之，這就是「畫押」，或稱「畫花押」。據說畫押的創始人是宋代的王安石。王安石署名的習慣只寫「石」字，而且寫了一橫一撇之後，於撇中腰畫一圓圈，由於他性子急，一般畫的圈不是很圓，而且非常潦草，因此有人私下裡說他所寫的是一個「反」字。王安石知道這件事後，就在將「口」字寫成圓圈時多加注意，盡量畫得圓一些。後來有人仿效他，但把那一橫一撇都省略了，僅剩一個圓圈，這就是「畫押」的由來。

─延伸知識─從什麼時候開始實行按手印的呢？

自古及今，很多人習慣在契約上按上手印，以此表示誠信並相互約束。按手印在當今社會也仍然在使用，並且具有法律效力。那是從什麼時候開始這種方法的？為什麼一定要按上手印呢？

因為古人沒有筆跡鑒定技術，手（掌）印成了主要的證據來源。一九二七年德國羅伯特．海因德爾在《指紋鑒定》一書中斷定，中國唐代的賈公彥是世界上提出用指紋識別人的第一個學者。其實，早在二千多年前的秦代，中國就有用指紋破案的紀錄了。在雲夢出土秦簡中的《封診式．穴盜》篇中就記載，秦代司法人員已將「手跡」作為破案方法，並對作案現場進行司法檢驗的一種物證。

一九四九年後發現的唐代許多文書、契約、遺囑上都有指紋、指節紋或掌紋，以此作為識別的重要手段。此後歷朝歷代，都沿用在文書上以指模、掌模為鑒的習慣。中國古代軍隊有《箕斗冊》，即登記士兵指紋，以便檢查。這表明當時已能對指紋按形態、結構進行正確分類，並將這種分類特徵和知識應用於社會實踐。

因為每個人的指紋具有唯一性，所以用指紋來代表或識別一個人具有科學性和可操作性，因此按手印的方法也就一直流傳至今。

093

「驢唇不對馬嘴」，還會對別的動物的嘴嗎？

「驢唇不對馬嘴」似乎天經地義，現在大家用這個俗語比喻答非所問或兩下不相合。它最早的出處是宋《五燈會元》卷十五：「驢唇馬嘴誇我解問，十轉五轉話饒你從朝問到夜。」這裡的「驢唇馬嘴」本意是指眾人紛紛詢問，形容人多嘴雜的意思。後來不知道在什麼時期被演化成「驢唇不對馬嘴」，用來表示兩不相干的事物。

其實從生物學角度來說，「驢唇」恰恰是可以對「馬嘴」的。因為驢可以和馬交配，並能生育，二者交配的產物即騾子。騾子有雌雄之分，但是沒有生育的能力，分為驢騾和馬騾。公驢可以和母馬交配，生下的叫「馬騾」，它的食量較大，力量很大，耐力還很強。性情急躁些，但比較通人性。馬騾個大，具有驢的負重能力和抵抗能力，有馬的靈活性和奔跑能力，是非常好的役畜，但不能生育。如果是公馬和母驢交配，生下的叫「驢騾」，也叫駃騠或驢驢。驢騾個小，一般不如馬騾好，但有時能生育。驢騾的特點當然是結合了較多驢的優點和一部分馬的優點，它不僅耐力很強，力量較大，食量還一般。脾氣當然也不錯，性情溫順而倔強。

而除了馬之外，驢是不會與其他物種交配的。所以「驢唇」對「馬嘴」是比較合適的，而除了驢嘴、馬嘴之外，「驢唇」是不會對其他動物的嘴了。

延伸知識──家畜的馴化是從什麼時候開始的？

中國古人很早就開始家畜的馴化和飼養了。

早在仰韶文化時期，人們已經過著定居的生活，相對遊牧生活，已經是很安定了。村落面積廣大，多居住在沿河流兩岸的高坡或階地上。這個時期，農業已成為人們生活資料的主要來源。男子主要從事漁獵和家畜飼養；婦女主要負責採集、製陶和大部分耕作及家務活動，她們在經濟生活中發揮重大作用，因而有著較為崇高的社會地位。

早在距今六千多年的半坡文化時期，當人們來到半坡後，首先是砍伐樹木建造住房，這些住房建造得比較集中，形成一個村落的樣子。村邊有陶窯、墓地。當時人們的食物，有植物和動物兩大類。主食是粟米，副食有芥菜或白菜一類的蔬菜及豬肉和狗肉等葷菜，還有鹿、獐、竹鼠、魚、螺螄等野味。經古生物學家的研究鑒定，半坡遺址的豬頭骨與現代家豬的頭骨相似而與野豬不同，另外還發現這些豬骨絕大部分屬於小豬，成年的較少，這種情形大概與人們的食物並不充裕和飼料不足有關。狗的頭骨也與狼的頭骨有顯著差別，無疑是家狗。除豬、狗之外，也發現有牛、羊、馬、雞的殘骸，因數量較少，尚難確定是否已成為家畜。

一九七三年，中國考古工作者在浙江省餘姚縣河姆渡遺址（距今六千至七千年）發現家豬和家狗的骨骸，還有可能是家養的水牛的骨骸。因此，中國家畜的馴養當在六千年以前，品種也很多樣。

094

「食言」與「食」有關係嗎？為什麼把「言」給吃了？

通常我們把言而無信叫作「食言」。那麼「食」又是如何和「言」聯繫在一起的？這得從「食言而肥」這個成語說起。

據《左傳・哀公二十五年》記載：春秋時，魯國有個大夫孟武伯，一向是言而無信、說了不做，國君魯哀公對他非常不滿。一次，魯哀公宴請群臣，孟武伯照例參加，有個名叫郭重的大臣也在座。這個郭重是魯哀公的寵臣，因為他人長得肥胖，經常遭到孟武伯的譏辱。這次宴會上，孟武伯借著向魯哀公敬酒的機會，又譏諷郭重說道：「你吃了什麼東西這樣肥胖啊？」魯哀公聽了，心中氣惱，便代替郭重回答道：「食言多也，能無肥乎！」這個回答表面看似玩笑，但卻暗地裡批評了這位孟武伯慣於說話不算數，許諾的事情從來不兌現的惡行。孟武伯自己當然是心知肚明，頓時是面紅耳赤，在文武百官面前顏面盡失。於是，「食言而肥」的說法便流傳了下來。

《爾雅》中對「食言」是這樣解釋的：「食，言之偽也。……言而不行，如食之消盡，後終不行，前言為偽，故通稱偽言為食言。」這裡的「食言」從詞性上來講是名詞，泛指一切不兌現的假話空話。而今天我們常常說的「絕不食言」裡的「食言」則屬於動詞，和「食言而肥」一樣是把說過的話又吞回去，說了不算的意思。

延伸知識——「賈人食言」是什麼意思？

「賈人食言」講的是一位商人與一個漁夫之間的小故事：古時候，有位商人在乘船渡河時船突然翻了，商人落入水中，他抓住水中漂浮的水草，大聲呼喊：「救命！」附近打魚的漁夫聽見喊聲後划船過來救他。船划過來，還沒到達商人面前時，商人哀求說：「我是有錢的人，如果救了我，我給你一百兩銀子，可以救我嗎？」漁夫聽了後把他救上來並送到岸上，這時，商人卻只同意給漁夫十兩銀子。漁夫不滿，追問道：「你原來答應給我一百兩銀子，現在卻只給我十兩，這是為什麼呢？」商人聽後很是生氣，說：「像你這樣打魚，捕魚捕一天才能賺幾個錢？現在你一下子得到十兩銀子還不滿足嗎？」

漁夫一聲不吭地走了。

又一天，這位吝嗇的商人渡河時，船又翻了，那個打魚的漁夫就在落水的商人旁邊，看見後說：「這是那個說給錢而給不夠的人。」這一次，漁夫沒有搭救商人，自己划船走了。沒一會，商人就沉入水中淹死了。從此，「賈人食言」就被用來指那些說話不守信用、自食其果的人。而為什麼偏偏是賈人（商人）做出這樣背信棄義的事呢？這恐怕和中國傳統文化中「商人重利」、「無商不奸」的印象有關吧。

095

「座右銘」和座位有關係嗎？

現在大家都拿「座右銘」來鞭策自己，很少有人知道，「座右銘」最初並非是置於座右的銘文，而是一種稱為歌器的酒具，並且和春秋五霸之一的齊桓公有關。

它最早的來源是仰韶文化的一種帶雙系圓錐狀的盛水陶器，古人用它從深水中打水。到了春秋戰國時期，演變成一種帶雙耳的青銅容器，兩耳放置在支架兩邊，如果該器物空的時候，它就會呈傾斜狀；如果裝水合適的時候，它會自動轉到正位，其中水不會灑；如果裝滿水，該器物會傾覆，水便全部灑出來！

春秋五霸之一的齊桓公生前非常喜歡這種歌器，座位右邊總是放著一個歌器，用以警戒自己，不要驕傲自滿。齊桓公死後，國人為他建造廟堂時也沒忘記將此器皿放入廟堂之中供人祭祖。

有一次，孔子率弟子朝拜齊桓公廟堂，見到這種器皿，不知是何物，便問廟中看管香火的人，方知是歌器。孔子知道歌器的來歷，便給弟子講述當年齊桓公置歌器於座右警戒自己的故事，並教育弟子，讀書學習也是這樣，驕傲自滿必然會招來損失。

孔子回去之後，也請人做了一個，放在座右警戒自己。南北朝時，著名科學家祖沖之也曾為齊武帝的兒子蕭子良做過一個歌器，非常成功。

可能是後來這種歌器失傳了，也可能是後人感到用文字更能準確表達自己的思想，於是，改用銘文代替歌器放在座右了。這便成了名副其實的警戒鞭策自己的「座右銘」了。

延伸知識 — 中國古代的酒具是從什麼時候開始出現的呢？

遠古時期的人們，茹毛飲血。火的使用，使人們結束了這種原始的生活方式。農業的興起，人們不僅有了賴以生存的糧食，隨時還可以用穀物作釀酒原料釀酒。陶器的出現，人們開始有了炊具；從炊具開始，又分化出了專門的飲酒器具。究竟最早的專用酒具起源於何時，還很難定論。因為在古代，一器多用應是很普遍的。遠古時期的酒，是未經過濾的酒醪（這種酒醪在現在仍很流行），呈糊狀和半流質，對於這種酒，就不適於飲用，而是食用。故食用的酒具應是一般的食具，如碗、缽等大口器皿。遠古時代的酒器製作材料主要是陶器、角器、竹木製品等。

早在西元六千多年前的新石器文化時期，已出現了形狀類似於後世酒器的陶器，如斐李崗文化時期的陶器。南方的河姆渡文化時期的陶器也能使人聯想到在商代時期的酒具應有相當久遠的歷史淵源。釀酒業的發展，飲酒者身分的高貴等原因，使酒具從一般的飲食器具中分化出來成為可能。酒具質量的好壞，往往成為飲酒者身分高低的象徵之一。專職的酒具製作者也就應運而生。在現今山東的大汶口文化時期的一個墓穴中，曾出土了大量的酒器（釀酒器具和飲酒器具），據考古人員的分析，死者生前可能是一個專職的酒具製作者。在新石器時期晚期，尤以龍山文化時期為代表，酒器的類型增加，用途明確，與後世的酒器有較大的相似性。這些酒器有：罐、甕、盉、碗、杯等。酒杯的種類繁多，有：平底杯、圈足杯、高圈足杯、高柄杯、斜壁杯、曲腹杯、觚形杯等。

096 為什麼用陰謀整治人，或者利用職權給他人製造困難叫做「給人穿小鞋」？

現在所說的「穿小鞋」多指使用陰謀手段給他人設置困難，其實古代的「穿小鞋」，是指古代女子纏足時所穿的小鞋。為什麼詞義會有這樣的變化呢？

這種「小鞋」據說是南唐後主李煜所始創，他做皇帝期間，生活奢侈糜爛，讓宮女用很長的白布纏足，把腳纏成又小又尖的彎彎「月牙兒」，站在畫有荷花的金蓮台上跳舞，讓自己觀賞享樂，所以這種腳又叫「三寸金蓮」。後來全國便興起了婦女纏足的風氣。纏足後，腳小了，當然只能穿小鞋了。後來的一千多年，漢族婦女一直保持著這種纏足陋習。

而這真正的「小鞋」轉變成使用陰謀詭計的「小鞋」，據說有這樣一個故事：

古時男女婚姻基本上是父母之命、媒妁之言。當媒婆們說媒時，都會提出要女方的鞋樣子，為的是向男方證明女子的腳是小的，是纏過的。男方如果同意了這樁婚事，就要按女方提供的鞋樣大小，做一雙繡花鞋，連同訂婚禮品，送到女方家中。結婚時，新娘就穿著這雙小鞋來到婆家。這樣的繡花鞋自然是合新娘的腳。如果把這雙繡花鞋故意做得很小，新娘穿著就會很難受。

相傳北宋時，有一個名叫巧玉的姑娘，她的後娘要將她許配給一個又醜又啞的有錢人，巧玉堅決不從。後娘也沒有辦法，便暗暗想法子整治她。

恰逢有一位媒婆，把巧玉說給一位秀才。巧玉很中意，後母卻在背地裡剪了一雙很小的鞋樣子，讓媒婆帶給男方。男方根據這雙鞋樣子做了一雙小繡鞋。巧玉出嫁那天，這雙鞋怎麼也穿不上，害得她上不了花轎。巧玉羞愧難當，一氣之下便上吊自盡了。

後來，人們便將這種用陰謀整治人，或者利用職權給他人製造困難的行為叫做給誰「穿小鞋」。

延伸知識　鞋的歷史

自商周時期起，鞋的穿著均有制度。如漢代，祭服穿舄，朝服穿靴，燕服穿屨，出門則穿屐。至唐代，官民都可穿靴，只是式樣略異，女子流行軟底透空錦鞦靴。宋元基本沿用唐代的鞋，但款式品種增多。明代官員著靴或雲頭履（朝鞋），儒生多穿黑色雙梁鞋，庶民百姓則穿布鞋、蒲草鞋或牛皮直縫靴，纏足婦女穿以樟木為高底的弓鞋（木底露在鞋幫外邊的叫「外高底」，木底在鞋幫裡邊的叫「裡高底」）。清代，皇帝上朝時穿方頭朝靴，官吏公服為黑緞靴，武弁穿快靴（稱「爬山虎」），高級官員多穿牙縫靴。鞋頭逐漸由方變尖。

在中國，鞋的形象最早見於氏族社會時期的彩陶。新石器時代中國的先民用草、麻、葛編織成履。鞋的稱謂很多，有屨、履、舄等。漢代布帛鞋的鞋頭多呈分叉狀，底用麻線編織，稱之為雙尖翹頭方履；魏晉時期一般鞋的前端織有雙獸紋飾，配色和諧，鞋式優美。宋代男性多穿小頭皮鞋，女性所穿鞋多為圓頭、平頭或翹頭，上面也飾各式花鳥圖紋。明代男鞋多以厚實為主，質料樣式多樣，一般北方多穿菱紋綺履，江南多著棕麻鞋；此外，元末明初還流行鞋頭高聳，鞋底扁厚的女式布帛鞋。使人顯得格外修長。清代男鞋以尖頭鞋為主，其材料夏秋用緞，冬則用建絨；有厚底薄底之分，面作單梁或雙梁，鞋幫有刺花或鞋頭作如意頭卷雲式。清代的女鞋頗具特色，鞋底多為木質，高一寸至五寸不等，其底形為上寬而下圓，被稱之為「馬蹄底」，此鞋鞋面常以綢緞所製，上施五彩刺繡，貴族婦女有的在鞋面上還鑲嵌各種珠寶。老年婦女則多穿木制平底鞋。

高跟鞋的來歷眾說紛紜，也有人說高跟鞋源於中國。六朝時已有高跟木屐。滿族婦女古時所穿旗鞋，有的跟部中央高達五寸以上。所以鞋在中國，已有著相當悠久的歷史。

097

為什麼把沒辦好事情叫「砸鍋」？

「砸鍋」這個詞在口語中常常用來指事情進展不順，結果很糟糕。但是，最早這個詞是與戲曲有關。

「砸鍋」原本是戲曲裡的行話，根據戲曲界常說的「兩下鍋」、「三下鍋」的說法而來。舊時舞台戲曲表演中時常出現不同劇種的演員共同演一齣戲的情況，如果是兩個劇種同台演出，就被稱為「兩下鍋」，若是三個劇種一起演出，就叫做「三下鍋」。雖然是同台表演，但各戲曲行當又都保持自身的特色而不相混雜，還真有點山珍海味一起奉上的味道。白玉霜與趙如泉合演《武松殺嫂》，新鳳霞與麒派弟子合演《秦香蓮》、豫劇名家馬金鳳與梅葆玖合演《穆桂英掛帥》，還有楊春霞與蔡正仁合演的京昆《桃花扇》，李宏圖與李仙花合演的京漢《蝴蝶夢》等等都是不同劇種共同演出的經典之作。

在中國戲曲發展的過程中，「兩下鍋」、「三下鍋」的表演已經成為不同的戲曲表演形式相互借鑒、相互交流的一種手段。甚至有的戲種相互融合，而逐漸形成了新的藝術表演形式。元雜劇曾經一統天下，在明朝遷都後，大批南人北上，便出現了南曲和雜劇的同台演出。南曲逐漸吸收了北曲的特點，形成了新的昆山腔、弋陽腔。而雜劇則漸漸退出了歷史的舞台。就連京劇也是漢劇與徽劇「兩下鍋」結合的產物。

由「兩下鍋」等術語派生出「鑽鍋」、「砸鍋」等戲曲行話來。「鑽鍋」是指京劇演員臨時去演別的角色。而一齣戲沒演好，觀眾中途退場的情況就被叫作「砸鍋」了。今天，「砸鍋」的詞義繼續擴大，成了事情辦糟了、做不下去的泛指，已經和戲曲沒什麼關係了。

延伸知識｜現在把事情沒辦好、惹上麻煩稱為「坐蠟」，這是怎麼來的呢？

「坐蠟」在漢語詞典中又被寫為「坐臘」，通常指遇到為難的事或陷入尷尬境地。在中國的北方口語中較為常用。例如：老舍先生的《龍鬚溝》的第一幕裡「我說今兒個不又得坐蠟不是？」《紅旗譜》中也有「咱是朋友嘛，我能叫你坐臘？我有了災難，你能抄著手兒看著」的對白。

其實「坐蠟」一詞最早與佛教中的「坐夏」有關。唐玄奘的《大唐西域記．印度總述》裡記載：「（印度）僧徒依佛聖教坐雨安居……前代譯經律者，或云坐夏，或云坐臘。」這裡提到的「坐夏」是指佛教僧人每年定期的誦經活動。根據佛家的戒律，每月望晦日即農曆十五和三十，眾僧人應齊集一處，誦讀《戒本》，而且每人都要對照進行自我反省。如有違犯清規戒律之處，則要按情節輕重依法懺悔。一年之中，農曆四月十五至農曆七月十五的這個期間內，僧人們須定居三個月，潛心修行，自省自律接受批評。經過這樣的修煉之後，受戒的年頭才算增長一歲，也叫「一臘」。因為臘月在農曆中為最末，過了臘月即是新的一年，所以佛教中就用「一臘」來表示受戒的「一歲」的意思。由此，這種「坐夏」活動就又叫「坐臘」了。

後來，「坐臘」這個詞逐漸由佛教用語轉入口語當中，詞義也由原來的「受戒自省」轉變成了「為難、受困」，甚至在中國潮汕地區，婦女產後坐月子的第一個星期，產房內不許透風的這段日子也被稱為「坐臘」。

098

「馬桶」這個詞是怎麼產生的？它與「馬」有什麼關聯嗎？

在中國，最早的關於「馬桶」的詳細文字記載是北宋時期歐陽修的《歸田錄二》中的「木馬子」。由此可見，「馬桶」一詞，並不是什麼外來語，而是古已有之。那麼「馬桶」這個詞是怎麼產生的？它與「馬」有什麼關係呢？

學名「座便器」的馬桶，古時候最初被叫作「虎子」。這個名字的由來與一個傳說有關：相傳西漢時「飛將軍」李廣能騎善射，在射死臥虎後，命人鑄成虎形的器具盛裝小便，以此來表示對猛獸的蔑視，久而久之，這種專門盛裝便溺之物的器具就被稱為「虎子」了。《西京雜記》上就有關於這種「馬桶」的記載，漢朝宮廷用玉製成「虎子」，由皇帝的侍從人員拿著，以備皇上隨時方便。這種「虎子」，就是後人稱作便器、便壺的專門用具，也是馬桶的前身。可是到了唐朝時，因為皇族的先人中有叫「李虎」的，於是為了避諱，便將這大不敬的名詞改為「獸子」或「馬子」，再往後便俗稱「馬桶」了。

中國古代使用的馬桶多是木製的，是一種帶蓋的圓形木桶，用桐油或上好的防水朱漆加以塗抹。王公貴族使用的馬桶，為了顯示身分，材料則高級得多，有銅製的，瓷製的，甚至還有黃金製成的。到了當代，才發展成主要以陶瓷為原料的馬桶了。至於抽水馬桶，則是科技進步的產物，在一五九六年由英國人哈林頓發明。

延伸知識｜中國最早的廁所產生在什麼時候？

廁所人人熟知，科學定義是泛指由人類建造專供人類（或其他特指生物，如家畜）進行生理排泄和放置（處理）排泄物的地方。人類使用的廁所大多有男廁女廁之分，隨著科技的發展，男女共用的廁所也問世了。廁所的名稱有很多，有的地方叫窖，有的地方叫茅房，文雅一點的地方叫洗手間。廁所也有外文名字，有叫「WC」，有叫「men's room」的。上廁所也有很多種叫法，古代叫更衣，後來叫解手，現代叫方便，叫如廁，叫出恭，上洗手間。粗俗的叫大便小便，文雅的叫洗手。西方人把上廁所說成是摘花，日本男人在野外方便叫打獵。

那麼中國古代的廁所最早在什麼時候產生呢？據《周禮》記載，中國早在三千多年以前就在路邊道旁建有廁所。在《說文字釋》中詮釋「廁」字時說：「廁，言人雜在上，非一也……言至穢之處宜常修治，使潔清也。」可見廁所的設置完全是為人所方便，保持環境清潔衛生。廁所古稱「溷藩」或稱「圊」、「軒」；又因古時農家廁所只用茅草遮蔽，故稱為「茅廁」。

古人把上廁所叫「如廁」，又名「出恭」。

上廁所本來是很普通的一件事，但也有很奢侈的。《晉書・王敦傳》記載：「石崇以奢豪矜於物，廁上常有十餘婢侍列，皆有容色，置甲煎粉沉香汁。有如廁者，皆易新衣而出。」從這條史料來看，石崇家裡的廁所確實豪華異常。一九〇三年，慈禧太后以謁見西陵為名，去監督新造的蘆漢鐵路。蘆漢督辦盛宣懷是個馬屁精，特地準備一輛花車，車內床側有一扇小門，門內有一個馬桶，被稱作「如意桶」。桶底放上黃沙，上面注水銀，糞便落入水銀中，無跡無味。外面用宮飾絨緞裝點成繡墩模樣，可謂奢侈之極。

099 為什麼把說話較勁叫「抬槓」？

「抬槓」在口語中經常使用，這個詞最早還真是與抬「槓子」有關，這是怎麼回事呢？

「抬槓」是一種借著機伶巧詐的嘴上功夫指責別人，而同時也閃避別人指責的文化習慣。中國大陸的北方，很早就有著一種習俗，那就是所謂的「抬槓會」——每年正月十五元宵佳節，人們除了逛花燈、吃元宵、猜燈謎之外，還要參加熱鬧的「抬槓會」。會上，由身強力壯的人抬著竹槓，上面有轎子，轎上坐著一個奇裝異服、口齒伶俐的人物。他就是「抬槓會」的主角。他們抬著竹槓和轎子在人群裡穿梭，轎上的人就和周圍的人進行辯論，比賽鬥嘴，甚至對罵。

「抬槓會」上的兩人的語言對抗逐漸演化，人們就常常把說話時雙方的對抗較勁叫做「抬槓」。這種「抬槓會」在滿族進入中原後，成了中國人「抬槓」的起源。

其實「抬槓」也並非中國的專利。有很長的一段時間，無論古希臘、古代歐洲，甚至非洲和伊斯蘭化之前的阿拉伯世界，語言的挑釁、對罵、詛咒等，都曾是戰爭行為的一部分。兩軍對壘，必然在開打前先來一陣叫罵鬥嘴，比氣勢、比兇惡，這最早的「抬槓」也具有很實際的應用。

而這種戰爭行為的嘴巴功夫，後來開始以一種文明殘跡的方式，變成儀式性的「抬槓」或「鬥嘴」，甚至還被轉化成俗民生活藝術裡以耍嘴皮子為樂的活動，如中國的相聲、日本的「落語」（單口相聲）、「漫才」（兩人相聲），以及西方各種型態的「抬槓」（Flyting、Fliting、Dozens、Logomachy）等等。

所以說，「抬槓」並不全是浪費口水，要是能「抬」出點水準來，也未嘗不可。

延伸知識——「相聲」是從什麼時候產生的？又為何名為「相聲」呢？

「相聲是門語言藝術，講究說、學、逗、唱」——這是相聲表演者常用的開場白，大家可以說是耳熟能詳。但究竟相聲這門藝術是怎麼產生的呢？又為何名為「相聲」呢？

對於相聲的起源，說法不盡相同。著名的相聲大師侯寶林先生在《相聲溯源》一書中曾指出「相聲是舊社會裡『生』，新社會裡『長』的藝術形式，其可證之史很短，但可溯之源卻很長」。它經歷了「像聲——象聲——相聲」的發展過程。早期的相聲曾經叫過「像聲」或「象聲」，實際上是一種口技。康熙年間李聲振《百戲竹枝詞》裡有《口技》一首，作者的注解為：「（口技）俗名『象聲』。以青綾圍，隱身其中，以口作多人嘈雜，或象百物聲，無不逼真，亦一絕也。」乾隆年間翟顛輯的《通俗篇》裡「相聲」條下按語說：「今有相聲技，以一人做十餘人捷辯，而音不少雜，亦其類也。」直到光緒年間，《燕京歲時記》裡還記載有：「像聲，即口技，能學百鳥音，並能作南腔北調，嬉笑怒罵，以一人而兼之，聽之歷歷也。」由此可見，清代以來的「像聲」或「象聲」主要是以摹擬聲音情態為特長的口技，有別於今天以幽默諷刺為特長的相聲藝術，只是使用了「相聲」這個詞而已。

今天的相聲藝術不僅受到以口技為內容的「象聲」的影響，其風趣幽默的表演形式還與中國古代不同時期的滑稽表演有著千絲萬縷的關聯。古時宮廷裡的「俳優」表演即是利用風趣幽默的語言，於嬉笑怒罵間針砭時弊的娛樂節目。隨著時代的發展，相聲藝術也隨之演變，它借鑒吸收了魏晉時期的「笑語」、唐代的「參軍戲」以及宋代的「滑稽表演」等成分。目前關於相聲並非口技的記載比較早的是一九〇八年出版的英斂之《也是集續篇》，在這裡稱相聲演員為「滑稽傳中特別人才」。

清朝同治年間，相聲藝術在北京得到長足的發展，並規定用北京方言表演。相聲逐漸成為人們喜聞樂見的中國曲藝藝術形式。它以幽默對答、滑稽表演引起觀眾發笑，達到喜劇效果。

相聲表演方式分單口、對口、群活三種。一段相聲，由「墊話兒」、「瓢把兒」、「活」、「底」幾個部分組成。「抖包袱」是相聲中較常用的藝術表現手法。通常是演員們將生活中積累的笑料當作「包袱」的內容，經過前期的層層鋪墊將「包袱」繫好，等時機成熟之時，驀然抖響「包袱」，製造令人捧腹的效果。

100

「馬後炮」的詞義最初就是消極的嗎？

「馬後炮」是象棋術語，常被用來形容事後採取措施，行動遲緩的行為。在元代《隔江鬥智》第三折中就有「今日軍師升帳，大哥須要計較此事，不要做了馬後炮，弄的遲了」的說法。不過，最初「馬後炮」的詞義並不消極，它指的只是在象棋的對陣中，炮位於馬之後，隔山將殺的一種招式而已。說起它的詞義色彩，甚至偏向積極，因為古時候下象棋時，「馬後炮」常常是克敵制勝的法寶。

古代的象棋與現代的象棋不完全一樣。據明代胡文煥的《事物紀原》所載：「象棋乃周武帝所造，有日月星辰之象，與今象棋不同。」究竟哪裡不同，並沒有進行詳細的描述。到了宋代，司馬光的《古局象棋圖》對古代象棋棋子的設置、行動規則及對陣方式進行了比較詳細的介紹。書中記載：此圖以戰國七雄並峙之局，列為象戲。七國各有一主將、一偏將、一裨將、一行人、一炮、一弓、一弩、二刀、四劍、四騎。這就是說，一盤棋分七個部分，代表七國，下棋的人可以七個，也可以六個、五個、四個、三個，採取合縱連橫的方法奪取勝利。從中我們不難看出，每一方均擁有十七個棋子，其中有四個馬，比現代象棋多兩個，但卻只有一個炮。這個炮的行動規律與現在象棋中的炮幾乎一致：「一炮，直行無遠近，前隔一棋乃可擊物；前無所隔，及隔兩棋以上，則不可擊。」至於馬的行動規律，圖中說明：「四騎，曲行四路，謂直一斜三。」不難設想，有四個馬，可以曲行四路，那麼，儘管只有一個炮，而馬後炮的出現機會一定要比今日的象棋中更多一些。由此可以肯定，古時候下象棋，「馬後炮」是比較常用的招數。這時只要馬跟對方的將隔一格，用以控制將的移動，炮借馬當架子「將軍」，如果對方沒有棋子可墊往往形成將殺。可見，「馬後炮」是致對手於死地的很厲害的一招，詞義一點也不消極。

延伸知識──「氣數已盡」的「氣數」是指什麼？它的最初含義是什麼？

「氣數」最初源自圍棋術語，用以計算一塊或幾塊棋的氣的數目。雙方棋子互圍對殺，此時各方棋子所具有的氣數將決定對殺的最終結果。根據各方「氣數」的多少，分為「氣長」（氣數多）、「氣短」（氣數少）或「氣數相等」。按氣所處部位不同，又可分為外氣、內氣與公氣等。

舉個例子：如果黑方四子與白方五子形成對殺，黑子與白子中間共有三個空點，這是雙方共有的氣數，即雙方各有三口公氣；白方五子周邊有三個空點，即白有三口外氣；黑方四子周邊有二個空位，即黑有兩口外氣。

其實這個「氣數」也是從中國傳統哲學中來的。「氣數」是中國傳統思想史上最為重視的「氣運」中一部分。所謂「氣運」就是指氣數和命運。這個「氣」字在中國文化中運用得極為廣泛和玄妙，我們將天空的變化叫天氣，地穴中的能量叫地氣，將人際關係叫人氣，以氣來命名的更是繁多：氣功、氣候、氣場、氣度、氣派、氣氛、氣息、氣憤、氣量、氣餒、氣色、氣魄、氣質、氣度等等，但究竟什麼是「氣」呢？

華夏文化思想中的「氣」，至少包涵著兩個關係到整個宇宙萬物的定義。首先是極其的微小，其次是運動的。氣是能動的，不停止的運動，通過聚、合、分、散的變化，將極其細微相似的氣，轉化成世界萬物。宇宙間萬物的極其細微相似的氣，不斷地活動，不斷地聚合分散。聚而合使氣形成各種可以看見的形象及生命，分而散則使形象和生命滅化了；聚而合開啟了宇宙萬物的萬象世界，分而散如同大門關閉，一團漆黑，一片混沌。所以氣數是一種變化，同時也是一種必然。這種變化，從極其細微之中開始，並非一時間產生的，但是等到某一階段，漸漸出現明顯的症狀。

因此氣數盡了，事物也就散了，所以後世逐漸將王朝的興衰與氣數結合了起來。

101

「胡同」這個詞是怎麼成了街巷的名字？

「胡同」一般是指比較狹小的巷子、街道。說起它的來歷，要追溯到中國的元代。十三世紀初，成吉思汗率領蒙古兵占領了金的都城中都，焚毀了中都城內的宮殿樓宇，然後重新興建元朝的都城，稱作大都（就是現在的北京城）。大都城內分五十個居民區，稱作坊，坊與坊之間為連接的就是平直而寬度不等的街道胡同。以當時的標準劃分，二十四步寬的路是大街，十二步寬的路是小街，只有六步寬的路就是胡同了。到了明清時期，道路寬度的規定已經不再那麼嚴格了，但多數胡同都比較狹窄。

據考證，「胡同」一詞是蒙古人的方言。明人沈榜在《宛署雜記》中曾說過：「胡同本元人語。」而且，在元雜劇作品中，「胡同」一詞也時有出現。如關漢卿《單刀會》中就有「殺出一條血胡同來」的說法；元雜劇《沙門島張生煮海》中，張羽問梅香：「你家住哪裡？」梅香說：「我家住磚塔兒胡同。」這個磚塔兒胡同就位於北京西四南大街，地名至今未變。

胡同原本的發音是「忽洞格」，是蒙古語「水井」的意思。古時候，挖井取水是居民生活的最主要方式，所以居民聚居的地方必然離不開水井。從元大都的整體建設規劃上，也看得出街巷與水井的密切聯繫：皇室宮殿都是依水而建，其他的街、坊和居住區，都是先挖井後造屋，在設計和規劃的時候，早早就預留出水井的位置。直到明清時期，還是每條胡同都不離井。

隨著時代的發展變遷，胡同旁的水井逐漸沒有了，而胡同作為街巷的名字卻永遠保留了下來。至今，在北京五花八門的胡同名稱中，以井命名的數量依然很多，如前井、後井、甘井、雙井、大甜水井、大井、小井、二眼井、三眼井等等。

胡同在中國北方比較普遍，尤其北京城的胡同最為典型。元朝建都時，全城街巷胡同總計有四百餘條。明滅元後，在元大都基礎上重建都城，稱為北京。街巷胡同增至一千一百多條。清朝建都後，沿用北京舊城，改稱京師。內城街巷胡同增至一千四百多條，加上外城六百多條，共計二千餘條。一九四九年後，城市建設更加發展，街巷胡同最多時有六千多條。近年來，雖然北京的高樓大廈越來越多，但一些特色胡同仍作為京味文化的一部分被保存下來。

一延伸知識一北京胡同的名稱

北京的胡同從元朝建都開始，已經有八百年的歷史了。它的名字多數都是當地居民根據胡同的某些特徵而命名的，大家口耳相傳，延用至今。這五花八門的名字既彰顯了北京人特有的幽默直爽，也蘊含了老北京人豐富的生活故事。

以胡同形狀命名是最直接也最容易被接受的一種，較寬的胡同，人們順嘴就叫成了「寬街兒」、窄的就叫「夾道兒」、斜的就叫「斜街」、曲折的叫「八道彎兒」、低窪的有「下窪子」、細長的叫「竹杆兒」、扁長的稱「扁擔」、一頭細一頭粗的叫「小喇叭」，其他像特別窄的叫耳朵眼胡同，特別特別窄的叫針尖胡同。什剎海附近的煙袋斜街就因形狀像個旱煙袋而得名。現在小胡同裡賣煙袋的小店二十餘家，可謂名副其實了。

很多胡同名是由蒙古語諧音而來的，所以現在聽起來格外有趣。像屎殼郎胡同，現代人聽起來覺得不雅，但這個名字譯成蒙古語是「甜水井」！朝內有個「墨河胡同」，蒙古語的意思是「有味兒的井」，大概是那口井被汙染過吧。此外，如鼓哨胡同（或寫做箍筲胡同），是指苦水井；菊兒胡同或局兒胡同，意思是雙井；碾兒胡同或輦兒胡同，指的是細井；巴兒胡同，是小井；馬良胡同或螞螂胡同，是專供牲畜飲水的井……

在北京帶「井」字的胡同街巷裡，最有知名度的當然要數王府井。王府井因街旁有王府和水井而得名。王府井的水井在什麼位置，過去說法不一。一九九八年對王府井進行全面改造施工時，在靠近東安門大街處發現一口水井，與清代《乾隆京城全圖》中標注的井的位置完全一致。為保護這口古老的甜水井，特在井口裝置了一個銅質的龍飾井蓋，上面雕刻了一段文字，稱此井在二十世紀二〇年代被埋沒。此街地處東城區黃金地帶，由於地理位置和商業條件優越，這裡很快成為北京市內大型商業中心，聲名遠播。如今，王府井已成為北京最負盛名的商業大道，享有「金街」的美譽。

馬桶原本是給馬用的嗎？——從古人詞語學文化常識4

初版原書名：《一日一詞——這些詞，為什麼這樣用？》

作　　者　姜湧等
封面設計　呂德芬
執行編輯　劉素芬、劉文駿、林潔如
行銷業務　郭其彬、王綬晨、邱紹溢
行銷企畫　陳雅雯、汪佳穎
副總編輯　張海靜
總 編 輯　王思迅
發 行 人　蘇拾平
出　　版　如果出版
發　　行　大雁出版基地
地址　台北市松山區復興北路333號11樓之4
電話　02-2718-2001
傳真　02-2718-1258
讀者傳真服務　02-2718-1258
讀者服務信箱　E-mail　andbooks@andbooks.com.tw
劃撥帳號　19983379
戶名　大雁文化事業股份有限公司

出版日期　2019年11月 再版
定價　360元
ISBN　978-957-8567-38-2　（平裝）

國家圖書館出版品預行編目(CIP)資料

馬桶原本是給馬用的嗎？：從古人詞語學文化常識. 4 / 姜湧等著. -- 再版. -- 臺北市：如果出版：大雁出版基地發行, 2019. 11
面；　公分
ISBN 978-957-8567-38-2 (平裝)
1. 中國文化 2. 問題集
630.22　　　108017496